Der Große Baum
Specht
ELSTER
Eugen Eule
DIE BRÜDER HASE
DIANA EIDECHSE
Horst Hörnchen
WÄSCHEREI BÄR
FRIEDER FROSCH Uhrmacher
KATZE
WOLF
SCHNEIDER MAUS
VIKTOR WURM
DACHS
NACHT-WÄCHTER
Nah und fern
DOKTOR Maulwurf

Gute-Nacht-Geschichten
vom Großen Baum

erzählt von
Laura Magni
mit Bildern von
Giulia Orecchia
übersetzt von
Gisela Fischer

Pestalozzi-Verlag, D 8520 Erlangen

ISBN 3-614-53801-X

Titel der italienischen Originalausgabe: «Storie della Buonanotte al Grande Albero»

1. Auflage 1991
Printed in Italy

Die Blumen des Windes

Oft peitschte der Wind den Großen Baum. Manchmal kam er vom Meer. Doch meistens brachte er den Duft der Hügel und Wälder mit. An diesem Sonntag aber war es anders: Der Wind hatte hundert Wolken-Koffer dabei, denn er war über Wüsten gereist, über Meere, Steppen, Prärien und Flüsse.

Als der Wind zum Großen Baum kam, war er sehr müde. Er schickte die Wolken weg, weil er nicht mehr die Kraft hatte, seine Koffer zu öffnen. Dann schüttelte er die Samenkörner, Blätter und Zweiglein von seinem Rücken, die sich dort während der Reise angesammelt hatten.

Ein kleines Samenkorn fiel dabei in einen Blumentopf auf Horst Hörnchens Balkon. Er hatte ihn dort bereitgestellt, um Heidekraut hineinzupflanzen.

Der Wind zog weiter... doch das kleine Samenkorn blieb in der Erde des Blumentopfes liegen. Es entwickelte sich langsam und begann zu wachsen. Nach neun Tagen stand auf dem Balkon von Horst Hörnchen eine

wunderschöne Pflanze: mit Blättern so leicht wie Wolken und mit vielen kleinen Blüten von der Farbe der untergehenden Sonne... So etwas Schönes hatte niemand vorher gesehen!

Eugen Eule wollte sofort ein Foto davon machen. Melina Maulwurf rieb ihre Nase daran. Und Diana Eidechse war so gerührt, daß sie einige Tränen vergoß. Sie schluchzte, dies wäre schön wie im Film. Elsa Elster war

neidisch und behauptete, Horst wolle sie alle hereinlegen und hätte die Pflanze angemalt.
Die Pflanze wuchs weiter. Nun schnitt Horst kleine Triebe ab, pflanzte sie in Blumentöpfe und verschenkte sie an alle Freunde im Baum. So kam es, daß der Große Baum als einziger im Wald die schönen Blumen hatte. Alle kamen von einem kleinen weitgereisten Samenkorn. Am Morgen waren ihre Blüten rosa, und am Abend färbten sie sich feuerrot. Und alle im Wald sagten, dies seien die Blumen des Windes.

Onkel Miffo-Maffo kehrt zurück!

Überall im Großen Baum, vom Keller bis zum Dachgeschoß, sprach man nur noch von einem: von der Heimkehr des Onkels aus Amerika! Er hatte geschrieben, daß er nach seiner abenteuerlichen Reise zu Land und zu Wasser zurückkehren werde. Vier lange Monate war er mit dem berühmten Zug „Turbo-Expreß" gereist und dann zwölf Wochen mit dem Dampfer „Luxus-Floß".

Niemand wußte genau, mit welchem Verkehrsmittel der Onkel den letzten Teil seiner Reise zurücklegen würde.

Vor allem wußte niemand, wie er eigentlich aussah. Das einzige Foto, das es im Großen Baum von ihm gab, zeigte ihn eine Minute vor seiner Geburt… Und da steckte er noch im Ei. Er hat das Land mit seinen Eltern verlassen, als er noch sehr klein war. Sein Vater war ein bekannter Ingenieur und wurde in alle Länder der Welt gerufen. Dort entwarf er herrliche Bauten für Biber und Fischotter. Nur der Name des Onkels war allgemein bekannt: Miffo-Maffo.
Die Heimkehr von Onkel Miffo-Maffo war das Ereig-

nis des Jahres: Einmal, weil man im Dorf nicht oft Besucher aus dem Ausland hatte, und zum anderen, weil es hieß, daß der Onkel sehr reich wäre…
Da man nicht wußte, von wo er kommen würde, war es gar nicht einfach, den Empfang vorzubereiten.
Familie Maus und Herr Goldfisch wollten ihn am Bahnhof erwarten.

Sie hatten mehrere Schalen mit Salat und Käse dabei.

Familie Wurm ging mit den Brüdern Hase und Diana Eidechse zum Steg am Teich.

Felicitas Fuchs, die Ameisen und Familie Bär wollten ihn am Flughafen erwarten. Sie hatten einen Strauß Farnkraut und blaue Fähnchen dabei.

Horst Hörnchen und die kleinen Maulwürfe dachten, daß er vielleicht mit dem Auto kommen würde.

Daher erwarteten sie ihn mit ein wenig Himbeersaft an der Hauptstraße.
Elsa Elster flog entrüstet weg, denn niemand hatte sie gefragt, ob sie mitkommen würde.
Nur Eugen Eule blieb auf dem Großen Baum zurück. Er war der Nachtwächter und schlief tagsüber.

Die Sonne stand an diesem Tag sehr hoch. Über dem stillen und verlassenen Baum kam, langsam und vom Wind getragen, ein herrlicher Heißluftballon herunter. Er war wie ein Regenbogen gefärbt und glänzte wie die Sonne. Auf der Wiese landete er.
Onkel Miffo-Maffo, ein Vogel Strauß mit Zylinder und Weste bekleidet, stieg aufgeregt aus. Er schaute sich um. Vier Stunden lang wartete er, doch niemand kam. Da er wichtige Dinge zu tun hatte, rief er ein vorüberfahrendes Taxi herbei und verschwand schnell im Wald.
Als alle zum Großen Baum zurückkamen, lag auf der Wiese der Ballon, auf dem die Anfangsbuchstaben vom Namen des Onkels gestickt waren.

Kurti Kuckuck beim Uhrmacher

In Frieder Froschs Werkstatt war immer viel los. Er war ein ausgezeichneter Uhrmacher und konnte jede Uhr reparieren: Eine Armbanduhr brachte er mit Benzin wieder in Gang; die aufgemalten Zeiger einer Uhr konnte er vorwärts bewegen; Wecker von Leuten, die er mochte, ließ er „tick-tick" machen, Wecker von Leuten, die er nicht ausstehen konnte, ließ er „tack-tack" machen, und Wecker von Leuten, die ihm piepegal waren, ließ er „tick-tack" machen.

Auch heute war der Laden wieder voll.

„Guten Tag", sagte Frieder Frosch zu Kurti Kuckuck. „Sie wünschen?"

„Sie müssen mich richten", sagte Kurti Kuckuck. „Ich gehe sechs Stunden nach."

„Wie soll ich das machen?" fragte Frieder Frosch ganz erstaunt. „Ich repariere Uhren und keine Kuckucke!"

„Aber ich bin doch nicht nur ein Kuckuck, sondern gleichzeitig auch eine Uhr! Ich teile der ganzen Nachbarschaft zu jeder vollen Stunde die Zeit mit."
„Das stimmt, es stimmt", versicherten lautstark alle, die im Laden waren. „Bitte, reparieren Sie ihn, Herr Frosch. Es wäre für alle von uns sehr schlimm, wenn wir sechs Stunden hinter der Zeit wären!"

Frieder Frosch hatte ein gutes Herz. So nahm er seine Lupe und seine Pinzette und untersuchte Kurti. Er richtete ein Rädchen hinter dem Ohr, stellte einen kleinen Apparat im Schnabel ein und ölte ihm die Kehle mit einigen Tropfen süßem Mandelöl.
„Mehr kann ich nicht für Sie tun", sagte Frieder Frosch.

Kurti Kuckuck dankte ihm überschwenglich, und alle im Laden seufzten vor Erleichterung. „Jetzt werden wir nicht mehr Spaghetti essen, wenn es eigentlich Zeit zum Frühstück wäre!“ Und: „Endlich stört er mich nicht mehr, wenn ich schlafen gehen will!“
Aber so einfach waren die Dinge nicht... Einige Tage darauf kam Kurti Kuckuck wieder zum Uhrmacher. Er war schrecklich verzweifelt. „Jetzt ist es noch viel schlimmer“, jammerte er. „Ich gehe acht Stunden und zwanzig Minuten vor! Niemand hat mehr Zeit, etwas zu tun. Kaum haben sich die Leute schlafen gelegt, da müssen sie schon wieder aufstehen! Bitte, helfen Sie mir!“ Frieder Frosch war nicht nur ein guter Uhrma-

cher, er hatte auch viele Bücher gelesen und wußte daher allerlei. So sagte er: „Wenn Sie Ihre Uhr nicht der Zeit anpassen können, die hier üblich ist, dann müssen Sie dahin gehen, wo Ihre innere Uhr mit der dortigen Zeit übereinstimmt." Kurti Kuckuck verstand diesen Satz nicht so recht und schwieg. Da holte Frieder Frosch eine Weltkarte hervor und deutete mit dem Zeigefinger auf eine winzige Insel im Meer.

„Dort, auf dieser kleinen Insel", sagte er, „ist uns die Zeit genau acht Stunden und zwanzig Minuten voraus."

„Großartig!" rief Kurti glücklich. Er packte sofort seine Koffer. „Kleine Insel, bitte warte auf mich!" rief er. „Ich komme!" Und dann flog er davon.

Diana Eidechse weint...

Felicitas Fuchs war eine wunderschöne Fuchsdame. Mal trug sie ihr Fell gelockt — nicht von Natur aus, sondern durch eine Dauerwelle — ein andermal glatt. Sie hatte das Pech, genau unter Diana Eidechse zu wohnen. Jene hatte eine Schwäche für traurige Filme und verbrachte Stunden vor ihrem Fernseher. Dabei weinte sie wie ein verlassenes Kätzchen.

Ihre Lieblingsfilme waren: „Wenn du weinst, weine auch ich" und „Die aufgeschürften Knie". Wenn die im Fernsehen kamen, unterbrach sie jede Tätigkeit. Meist ließ sie zu dieser Zeit gerade ihr Badewasser einlaufen. Und während sie in ihrem Sessel saß und bittere Tränen über das Schicksal ihres Helden vergoß, lief das Badewasser über. Schließlich kam es in kleinen, regelmäßigen Tropfen in das darunterliegende Stockwerk. Es tropfte genau auf den Schreibtisch von Felicitas Fuchs. Da mußte die arme Felicitas die Blätter und Stifte weg-

werfen, weil sie naß waren wie Spatzen, die von einem Platzregen überrascht worden waren.
Felicitas Fuchs hatte schon alles ausprobiert: Sie hatte geschrien, gedroht, die Feuerwehr gerufen... Aber vergebens. Das Holz ihres Schreibtischs war so naß, daß eines Morgens ein paar Grashalme darauf sprossen. Das war ja wohl der Gipfel!
Doch als Felicitas Fuchs zwischen all den Grashalmen das erste Veilchen entdeckte, war sie ganz gerührt. Sie sagte sich: „Mit all den Gräsern und zarten Veilchen habe ich wirklich einen wunderschönen und einzigartigen Schreibtisch."

Frau Bär und das Überraschungsfest

Frau Bär war eine ruhige und liebenswürdige Frau. Nur manchmal war sie bedrückt. Sie arbeitete unermüdlich in ihrer Wäscherei und hatte keine Zeit, an sich selbst zu denken. Sie wusch und bügelte, bügelte und wusch. Immer dachte Frau Bär an die Kleider der anderen, nie an ihre eigenen: die Ohrenschützer der Hasen, die Bettbezüge der Maulwürfe — die mußten auch noch ausgebessert werden, weil die Maulwürfe überall Löcher machten — und dann die winzigen Mäntel der Ameisen, die kaum zu bügeln waren.
Frau Bär war immer gleich gekleidet. Tagaus, tagein trug sie ein graues Kleid. Es war schon so eine Art Uniform geworden, denn niemand vom Großen Baum konnte sie sich anders gekleidet vorstellen.
An diesem Nachmittag brachte man in die Wäscherei zusammen mit den Hemden der Maulwürfe ein herrliches Abendkleid, das ein bißchen ausgebessert wer-

den sollte. Es war aus Seide, zart wie ein Spinnwebnetz und grün wie die ersten Blätter im Frühling.
Frau Bär konnte der Versuchung nicht widerstehen, sie probierte es an. Weil es ihr etwas zu weit war, schloß sie es am Rücken mit einer schönen gelben Blume. Dann betrachtete sie sich im Bullauge der Waschmaschine. Um noch hübscher auszusehen, band sie sich ein fliederfarbenes Band um den Kopf. Es war der Gürtel von Stefan Spechts Regenmantel.
In diesem Augenblick läutete das Telefon.

„Hallo“, sagte eine tiefe Stimme. „Wir machen ein Überraschungsfest. Die Spielregel ist, daß jeder sofort und so kommt, wie er ist. Wenn sich jeder daran hält, haben wir bestimmt viel Spaß!“ Es war Eva Eule aus dem Dachgeschoß. Sie hatte immer so ausgefallene Ideen.

Frau Bär war begeistert! Sie ließ alles stehen und liegen: ihre Wäsche, die Waschmaschine, das Bügeleisen und rannte – immer vier Stufen auf einmal nehmend – die Treppe hinauf. Sie betrat Eva Eules Wohnzimmer. Hier fand sie vor: Stefan Specht im gestreiften Schlafanzug, Diana Eidechse mit Lockenwicklern auf dem Kopf und die kleinen Mäuse mit Gummihandschuhen. Sie hatten nämlich gerade Geschirr gespült, als der Anruf kam.

Als Frau Bär eintrat, hörten alle auf zu sprechen. Einige beneideten sie um das wunderbare Kleid. Sie dachten, Frau Bär wäre schnell heimgelaufen, um sich umzuziehen. Ihre Freunde aber bewunderten sie, weil sie so elegant war. Und am meisten freute sich ihr Mann. Er war, so schnell er konnte, von seiner Arbeit hierher gelaufen. Er hatte noch seine Arbeitsjacke an mit der Tasche für Stifte, Lineale und Schere. „Meine Frau ist wirklich wunderschön!" dachte er. Das hatte er ganz vergessen. Doch nun beschloß er, sie am nächsten Samstagabend zum Tanz auszuführen.

Eva Eule als Sängerin

Eva Eule träumte insgeheim davon, Sängerin zu werden. Sie wollte wenigstens einmal im Fernsehen auftreten, um diese eingebildete Elsa Elster zu ärgern.
Doch sie kannte niemand beim Fernsehen und wußte nicht einmal, wo die Studios waren... Sie hatte aber sehr viel Fantasie, und sie hatte Eugen Eule, ihren Mann. Er war von Beruf Nachtwächter, und sein Hobby war das Fotografieren.
Eva und Eugen baten Stefan Specht um Hilfe. Wenn es darum ging, Elsa Elster einen Streich zu spielen, war er immer dabei! Stefan Specht holte aus dem Keller den alten Fernseher der Brüder Hase und reparierte den Bildschirm mit Fensterglas. Dann bat er Doktor Maulwurf um seinen elektrischen Rasierapparat, weil der wie ein Mikrofon aussah.

Eva Eule zog sich sehr elegant an und stellte sich vor den mit Palmen und Sand bedruckten Vorhang.
Stefan Specht hob den Bildschirm so, daß er Eva genau einrahmte. Und dann begann diese, in den elektrischen Rasierapparat hinein zu singen. In dem Augenblick leuchtete der Blitz des Fotoapparates auf.
Das Foto wurde im Großen Baum von Hand zu Hand herumgereicht und kam schließlich auch ins Dachgeschoß zu Elsa Elster. Und die ärgerte sich tatsächlich grün und blau darüber!

Ein ausgefallenes Modell

Familie Maus stand morgens immer als erste auf. Die fünf Wecker der Wohnung – zwei große und drei kleine – verbreiteten Punkt sechs Uhr dreiundzwanzig einen herrlichen Käseduft. Dies war viel wirksamer als jedes Läuten, denn so bekam jeder Lust aufzustehen. Wenn die Mäuse abends den Schlafanzug angezogen hatten, stellten sie ihren Wecker auf „Duften". Jeder wählte seine Lieblingskäsesorte und legte sich dann schlafen. Am nächsten Morgen um sechs Uhr dreiundzwanzig, wenn die Augenlider noch schwer vom Schlaf waren und die Schwänzchen noch nicht gezuckt hatten, tauchten die fünf Schnäuzchen – zwei größere und drei winzige – aus den Laken auf und schnupperten in die Richtung der Wecker.

Doch an diesem Morgen waren die Mäuse schon um

Viertel vor sechs auf den Beinen. Und alle waren sehr aufgeregt. „Beeilt euch!" rief Frau Maus aus der Küche. Sie trug ihr schönstes Kleid, das so blau wie der Nachthimmel war. „Geht schnell ins Bad! Nehmt Zahnbürste und Zahnpasta! Wenn ihr die Zähne nicht richtig putzt, werden sie krank und klein wie Fliegenzähne..." Mutter Maus wußte nicht, daß Fliegen überhaupt keine Zähne haben, aber was sie sagte, wirkte bei ihren Kindern. Die waren nämlich sehr stolz auf ihre Zähnchen und putzten sie mit großem Eifer.
Vater Maus war schon lange angezogen.

Er war glatt rasiert und hatte bereits gefrühstückt: einen guten Gerstenkaffee, Gerstensaft und Gerstenzwieback. Nun, Vater Maus war im Essen sehr anspruchslos. Er ging ständig im Zimmer auf und ab. Ja, er schien ziemlich aufgeregt zu sein. Um neun Uhr und vier Minuten hatte er nämlich eine Verabredung.

Eine Verabredung mit keiner geringeren als der Gräfin Elsa Elster, die ihre große Wohnung im obersten Ast des Großen Baumes hatte. Es hieß, die Wohnung sei sehr reich ausgestattet, doch niemand hatte sie bisher gesehen.

Wenn die Gräfin ausging, flog sie gleich von ihrem Bal-

kon. Sie benutzte daher fast nie die Treppe und besuchte ihre Nachbarn nur sehr selten, schon gar nicht Familie Maus, die ja im Keller wohnte. Doch auch sie hatte von Markus Maus gehört. Er war berühmt geworden durch die Hosenträger, die er für den Direktor der Schiffahrtsgesellschaft geschneidert hatte. Und nun hatte die Gräfin ihm den Auftrag für ein „ausgefallenes Modell" gegeben.

Frau Maus und die Kinder umringten Herrn Maus und machten ihm Vorschläge. Angeregt durch mehrere Tassen guten Gerstenkaffee, entwarf Markus Maus bis neun Uhr und drei Minuten ein Modell nach dem anderen: Cocktailkleider, Abendkleider, Kleider für ganz

besondere Gelegenheiten, Regenkleidung und Kleider für Spazierflüge durch die Wolken, welche die Gräfin besonders häufig unternahm. Alle Kleider waren wundervoll, und alle waren „ausgefallen".
Um neun Uhr und vier Minuten strömte von der Wohnungstür her ein ganz besonders köstlicher Duft von geriebenem Käse.

Familie Maus war schrecklich aufgeregt und stellte sich vor einem Berg von Entwürfen auf.

„Guten Tag zusammen", sagte die Gräfin. „Ist mein ausgefallenes Modell fertig?" Sie blieb auf dem Flur und öffnete die Tür nur einen Spalt.
„Ja, ja", antwortete die kleine Kikki Maus. „Sehen Sie nur, Papa hat Hunderte von Modellen für Sie entworfen. Hier sind sie alle!"
Die Gräfin, die einen langen Seidenhandschuh trug, streckte vom Flur aus ihren Arm ins Zimmer und nahm die Entwürfe entgegen. Dann rief sie aus: „Ich sehe keinen einzigen!"
„Keinen einzigen? Aber es sind doch Hunderte... und alle für Sie!"

„Ich weiß wirklich nicht, was ich damit anfangen soll", sagte die Gräfin. „Ich habe doch ein ausgefallenes Modell verlangt."
„Ein ausgefallenes Modell... wofür?" fragte Markus Maus, der die Welt nicht mehr verstand.
„Ein Modell für einen Fußabstreifer natürlich! Sehen

Sie, Sie und eine ganze Reihe meiner Freunde fliegen nicht. Fast jeder geht, hüpft und springt herum und hinterläßt überall Fußspuren. Wenn jemand zu mir kommt, ist das immer ganz schrecklich für meine Teppiche und meinen Plüsch. Darum brauche ich vor meiner Tür unbedingt einen Fußabstreifer. Ein ausgefallenes Modell, so wie alles bei mir ausgefallen ist. Sie haben mich enttäuscht, Herr Maus."
Der Handschuh verschwand, und Kikki Maus sagte: „Ein Fußabstreifer... also so was! Und wir haben die

schönsten Kleider entworfen, die Elstern und Mäuse je gesehen haben... Ein Fußabstreifer! Warum eigentlich nicht? Die Idee ist gar nicht dumm!"
Aber niemand hörte Kikki zu. Die ganze Familie Maus war vor Überraschung und Aufregung in Ohnmacht gefallen. Kikki rannte in die Küche und holte ein großes Stück Käse. Wenn sie den ihren Eltern und Geschwistern unter die Nase hielt, würden sie schnell wieder zu sich kommen!

Eine unglaubliche Freundschaft

Im Kindergarten waren die Eulen- und die Goldfischkinder gute Freunde geworden. Das erschien zunächst merkwürdig, denn gewöhnlich haben sich Eulen und Goldfische nur wenig zu sagen. Aber wenn es um Freundschaft geht, hat es keinen Sinn, warum oder wieso zu fragen. Es ist einfach so, punktum.
Zuerst hatten die Eltern Eule den Schnabel recht hoch getragen. Schließlich konnten die Goldfische nicht fliegen! Doch dann beschlossen sie, jene zum Tee einzuladen. Die Goldfischeltern hatten zunächst verächtlich auf die Eulen herabgeschaut. Diese Vögel konnten ja nicht einmal schwimmen! Aber dann beschlossen sie, die Einladung anzunehmen. Die Kinder waren außer sich vor Freude und machten allerlei Kunststücke: die kleinen Eulen in der Luft, die Fischlein im Wasser.

Für eine so wichtige Einladung sind allerlei Vorbereitungen nötig: das Essen muß zusammengestellt und das Haus geschmückt werden. Man muß sich Überraschungen ausdenken und Musik auswählen. Alle von Familie Eule machten sich mit Eifer an die Arbeit. Sie klopften Staub aus dem Sofa, kauften Blumen, bügelten Tischdecken, backten Kuchen... Zum Schluß sah ihre Wohnung einfach wunderbar aus. Sie zogen sich ihre besten Kleider an und räumten alles, was noch herumlag, schnell ins Badezimmer: Besen, Staubwedel, Staubtuch, Kleiderbügel... Gerade als sie damit fertig waren, klingelte es an der Wohnungstür.

Vor der Tür standen die Goldfische. Jeder trug eine Tauchermaske (für sie eine Atemmaske) und einen Schlauch, der an eine Wasserflasche angeschlossen war. Die Masken störten ein wenig bei der Begrüßung. Nun, es ist nicht einfach, einen Fisch zu küssen, der so ausgerüstet ist... Doch noch schwieriger war das Essen: Wie sollte man auch nur den kleinsten Krümel in den Schlauch hineinbringen? Die Eltern Eule wurden immer nervöser, und die Kinder waren den Tränen nahe. Die Goldfische schämten sich und zogen sich ins Bad zurück. Nach fünf Minuten hatten sie unter der Dusche ihre gute Laune wiedergefunden.

„Ach du liebe Güte!" jammerte Eva Eule. „Und ausgerechnet das Badezimmer haben wir nicht aufgeräumt!"

Vater Eule stupste sie zärtlich in den Nacken und flüsterte ihr zu: „Wollen wir nicht mitmachen? Wir können es ja mal versuchen..."
Eva Eule war keineswegs überzeugt. Aber sie hatte es sehr gern, wenn ihr Mann sie in den Nacken stupste. So setzte sie sich seufzend auf den Rand der Badewanne und ließ die Füße ins Wasser hängen.
Das war das Startzeichen für die Eulenkinder: Schreiend und lachend stürzten sie sich ins Wasser. Sie spritzten, tauchten mit den Fischen um die Wette und lachten laut vor Vergnügen. Von diesem Tag an waren die Familien Eule und Goldfisch die allerbesten Freunde.

Das Selbstbildnis

Horst Hörnchen war ein ganz ungewöhnliches Eichhörnchen. Zunächst einmal hatte er eine Brille mit leicht blau getönten Gläsern. Dadurch sah er die Welt wie durch bläuliche Wolken. Außerdem konnte er leckere Honigkuchen mit Rosinen backen. Und schließlich und vor allem war er ein großer Maler. Dies war auch sein Beruf.

Er malte Bilder für die Kinder. Dabei benutzte er manchmal Pinsel, manchmal die Spitze seines Schwanzes, nachdem er ihn in Himbeer- oder Heidelbeersaft getaucht hatte. Er malte Bilder von all seinen Freunden, und in ihren Häusern malte er Landschaften an die Wände, die ganz echt wirkten: lange weiße Sandstrände mit einem dunkelblauen Meer, grüne Wiesen mit hohem Gras, schneebedeckte Berggipfel.

Nur eines hatte Horst noch nie gemalt: sich selbst.

Und dabei wünschte er sich nichts mehr als das! Er hatte es wieder und wieder versucht, viele Vormittage lang. Sogar vor dem Spiegel hatte er schon probiert, die Umrisse seiner Schnauze, seines dichten Fells, seines Schwanzes nachzumalen. Aber nie sah das Bild natürlich aus, und Horst Hörnchen war nicht zufrieden. Schließlich war er ganz verzweifelt und fing an zu weinen. Er malte wohl noch, war aber nicht mehr mit dem Herzen dabei. Seine Freunde machten sich Sorgen um ihn, doch sie wußten nicht, wie sie ihm helfen sollten. Sie schrieben ihm kleine liebe Briefe, brachten ihm Nußkekse, Wollschals, Tuben mit Farbe...

Aber Horst war und blieb traurig. Eines Nachts stand er auf, um ein wenig Nußsaft zu trinken. Er stürzte und warf dabei die Geschenke seiner Freunde zu Boden. Als er wieder aufstand und die Brille aufsetzte... was sah er da? Ein schönes Eichhörnchen, gemalt mit all den

Farben, die aus den Tuben herausgelaufen waren. Mit zwei Nüssen als Augen und dem Wollschal als Schwanz. Ein Selbstbildnis aus sämtlichen Geschenken seiner lieben Freunde, die ihn hatten trösten wollen!

Die Brüder Hase eröffnen ein Geschäft

Die beiden Brüder Holger und Heini waren unzertrennlich. Und wenn zwei Hasen unzertrennlich sind, dann gilt das fürs ganze Leben.
Holger träumte davon, eines Tages Schlittenpilot zu werden. Um an den Schlittenmeisterschaften auf der großen vereisten Strecke über den Teich teilnehmen zu können, brauchte man unbedingt einen Sturzhelm. Wie sollte ein Hase da seine Ohren unterbringen? Holger hatte schon verschiedene Modelle anprobiert. Doch selbst wenn er die Ränder umkrempelte, sie rund machte, sie bis in den Nacken hinunterzog, sie ganz flach klopfte: Seine Ohren paßten nicht hinein.
Heini indessen träumte davon, Werbespots für die Zahnpasta „Schneeglanz" zu machen. Es war seine Lieblingszahnpasta, weil sie nach Karotten schmeckte.

Aber er wußte nicht, wie er seine beiden hervorstehenden Zähne verstecken sollte, die man sofort sah, wenn er lächelte. Er hatte mindestens vierundvierzigmal vor dem Spiegel geübt: immer vergebens! Mit diesen Zähnen konnte er unmöglich Reklame machen. Also ade, ihr schönen Träume! Die beiden Brüder weinten ihnen nicht nach. Sie suchten stattdessen nach irgendeinem Beruf, bei dem weder die langen Ohren noch die vorstehenden Zähne störten.

Holger zeichnete auf dem Bildschirm seines Computers eine Gruppe von kleinen Hasen mit riesenlangen Ohren. „Sieh nur, was unsere Häschen für schöne Ohren haben", sagte er. Danach malte Heini eine Gruppe Hasen mit ganz langen vorstehenden Zähnen. „Wie hübsch sie sind mit ihren großen Zähnen!" lachte er.

Aus Spaß begannen die beiden einen Karottenkampf auf dem Bildschirm: die Mannschaft der Langohren gegen die Riesenzähne. Wer gewonnen hat? Das spielt keine Rolle!
Wichtig war, daß es ein herrliches Spiel war und daß alle Freunde vom Großen Baum es lernen wollten. Holger und Heini erfanden noch viele andere Spiele und führten sie vor. Die Spiele gefielen den Waldbewohnern so gut, daß Holger und Heini nach einigen Monaten ein Geschäft für Computerspiele eröffneten.

Ein Großvater mit Glatze

Die Tochter von Frau Bär, die kleine Charlotte, war zart und empfindlich wie eine Safranblüte, und ihre Augen waren lebhaft wie Schmetterlinge.

Charlotte hatte einen Großvater, den sie liebte und den sie darum oft besuchte. Dieser Großvater hatte einen großen Kummer: Auf seinem Kopf wuchsen keine Haare mehr. Andere Eulen besaßen herrliche, büschelartige Federn, aber er, der arme Cäsar, hatte einen kahlen Schädel und war darüber sehr traurig. Er ging darum auch nie ohne seine Wollmütze aus.

Eines Tages schlief Cäsar in seinem Schaukelstuhl. Die Wollmütze glitt ihm vom Kopf und fiel zu Boden. Da ging Charlotte ganz nah heran und betrachtete die Glatze des Großvaters. Sie glänzte in der Sonne, und mehrere Dinge spiegelten sich darin: ein Strauß Klatschmohn, ein Glas Orangensaft und ein Lampenschirm…

Und als der Großvater den Kopf im Schlaf leicht drehte, änderten sich die Bilder. Nun sah Charlotte ein Stück Reiskuchen, einen Schulranzen, ein Stückchen blauen Himmel. Und als sich Charlotte noch ein wenig vorbeugte, konnte sie sogar ihre eigene, kartoffelförmige Nasenspitze und ihre lebhaften kleinen Augen sehen.
„Nur mein Großvater hat in seinem Kopf alle Dinge dieser Welt!" lachte Charlotte und umarmte ihn.
Cäsar erwachte und dachte: „Sapperlot, sie hat recht!"
Und von diesem Tag an trug er nie mehr seine Wollmütze. Er ging mit seiner Glatze aus und war sehr stolz darauf.

Das Computerspiel

Holger und Heini Hase hatten alle möglichen Computerspiele erfunden. So waren sie außer sich vor Freude, als ein Händler seinen Besuch ansagte. Er war an den neuen Spielen interessiert, wollte sie kaufen und ins Ausland ausführen. Das war eine großartige Gelegenheit, um berühmt zu werden!
Holger und Heini arbeiteten mit großer Begeisterung und erfanden eine Art Farbenlabyrinth mit kleinen knallroten und silbernen Kugeln. Doch kurz bevor der Händler kam, fiel der Strom aus. Und als er dann wiederkam, funktionierte irgend etwas bei dem Spiel nicht mehr. Das Labyrinth war immer noch zu sehen, aber ganz gleich, wie viele Tasten man drückte, die Punkte blieben verschwunden.
Zum Glück war Heini mit Anna Ameise befreundet, weil sie schon zusammen in die Schule gegangen waren.

Schnell lief er zu ihr und sagte: „Bitte, bitte, hilf mir!“ Anna rief sofort ihre Kinder herbei und teilte sie in zwei Gruppen auf. Den einen färbte sie den Rücken mit Himbeersirup, damit sie wie kleine rote Kugeln aussahen. Den anderen gab sie einen Tropfen Tau auf den Rücken, so daß sie silbernen Kugeln ähnelten.

Alle liefen in den Laden von Holger und Heini Hase. Sie machten das schönste Computerspiel, das der Händler je gesehen hatte. „Das gefällt mir!“ rief er begeistert. Und er bestellte gleich dreitausend Kopien.

Melina Maulwurf trägt nun Kontaktlinsen

Schon von klein auf war Melina sehr kurzsichtig. Verglichen mit ihr sah ihr Zwillingsbruder ausgezeichnet, ausgezeichnet für einen Maulwurf — was bedeutet, daß er kaum etwas sah.

Ihr Vater war Augenarzt und hatte schon alles mögliche bei Melina ausprobiert: eine Brille, Ferngläser, Fernrohre, Lupen und sogar Kontaktlinsen.

Aber da war nichts zu machen: Melina aß weiterhin den Spülschwamm, weil sie ihn für ein Stück Käse hielt. Doch Schwämme sind wirklich nicht das richtige für Maulwürfe. Melina bekam jedesmal schlimme Bauchschmerzen davon! Ach, es war einfach entsetzlich! Eines Tages hatte Tante Eveline eine Idee. „Warum versuchst du nicht Kontaktlinsen mit Schnurrhaaren?" fragte sie ihre Nichte.

„Mit Schnurrhaaren?" fragte Melina erstaunt und wollte ihren Ohren nicht trauen.

„Natürlich!" rief die Tante ungehalten. „Oder hast du schon einmal Kontaktlinsen für Maulwürfe ohne Schnurrhaare gesehen?" Diese Tante war wirklich eine ulkige Person. Aber seiner Tochter zuliebe wollte Doktor Maulwurf nichts unversucht lassen. Und – Wunder über Wunder! Melina aß nie mehr Schwämme.
Vor allem wurde sie wegen der langen Schnurrhaare an ihren Kontaktlinsen berühmt. „Was für wunderschöne, lange Wimpern sie hat!" dachten alle.

Stefan Specht bei den Schwestern Ente

Nicht weit vom Großen Baum entfernt war ein hübscher Teich, und an seinem Rand befand sich eine Hütte aus Schilfrohr. Sie war sehr sauber. Es gab darin einen Glastisch und auf dem Boden schöne Teppiche, rosa wie Muscheln. Dort lebten die beiden Enten Cora und Paula. Sie sahen sich sehr ähnlich, waren aber keine Zwillinge. Nur wenn man ganz genau hinsah, entdeckte man auf Coras Schnabel einen kleinen schwarzen Fleck. Paulas Schnabel hatte keinen.
Stefan Specht war oft bei ihnen zu Besuch. Cora kannte sich sehr gut mit der Buchführung aus, Paula war eine gute Köchin. Und Stefan Specht schätzte ihre köstlichen Brennessel-Pasteten ganz besonders.
Stefan war ein netter junger Mann, vor allem, wenn er nicht darüber klagte, daß Elsa Elster ihn nicht mochte.

Es muß jedoch gesagt werden, daß er mit seiner Buchführung nicht zurechtkam und außerdem ein Feinschmecker war. Besonders Brennesseln hatten es ihm angetan... Nun wird auch verständlich, warum er die Schwestern Ente sooft besuchte. Cora brachte wieder Ordnung in seine Buchführung, Paula verwöhnte ihn mit Brennessel-Pastete. Und alle beide hörten geduldig zu, wenn er sich über die schöne Elsa beschwerte.

An einem Dienstag nachmittag war Stefan dem Verzweifeln nahe: Erstens ergaben bei seiner Buchführung zwei und eins dreiunddreißig. Zweitens hatte er seine Stelle als Eieraustrager verloren, weil er fast alle Eier mit seinem spitzen Schnabel kaputtgemacht hatte.

Und drittens war Elsa Elster mit Heini ausgegangen, dem Hasen, der so gut im Erfinden von Computerspielen war. Stefan war untröstlich. Nicht einmal die Brennesseln halfen ihm über seinen Kummer hinweg.

Und ausgerechnet heute kamen auch noch andere Gäste zu den Schwestern Ente: die Zwillinge Anita und Anna Schnepfe; Cäsar und Julia Eule, die mit Familie Eule vom Großen Baum verwandt waren; die gesamte Familie Pfau und Gerda Gans, die klassische Tänze über alles liebte.

Wegen der vielen Gäste war Stefan Specht ein wenig schüchtern. Aber irgendwann spreizte Julia Eule ihren linken Flügel zur Seite und sagte zaghaft: „Ach bitte, Sie haben so einen wunderbar spitzen Schnabel. Könn-

ten Sie mir vielleicht in das Armband meiner Uhr ein zusätzliches Loch machen?"
Gleich darauf bat Cäsar um ein zusätzliches Loch in seinem Gürtel. Anna Schnepfe wollte kleine Löcher in ihren Schuhen haben, um die Schnürsenkel durchziehen zu können. Kurz und gut, jeder brauchte Stefan Specht. Und schließlich nannten sie ihn den „Löcherkönig".
Es dauerte gar nicht lange, da eröffnete Stefan Specht den feinsten Laden als Löchermacher. Zu seinen treuesten Kunden zählte die berühmte Gräfin Elsa Elster.

Die neuen Mieter

Als im ersten Stock gegenüber von Horst Hörnchen neue Mieter einzogen, rümpften einige der alten Bewohner die Nase. Die beiden hießen Mario und Maria Panda und waren Ausländer. Sie sprachen die Sprache des Dorfes nicht gut und waren sonderbar gekleidet: Mario trug Jeans mit einer eleganten Smokingjacke, und Maria sah aus wie eine Tänzerin aus einem modernen Ballett. Außerdem trug sie eine lila Lockenperücke.

Familie Wurm war eine Schauspielerfamilie und war darüber entzückt. Diana Eidechse bastelte sich auch so eine Perücke: Sie schnitt die Vorhänge ihres Zimmers in feine Streifen und lockte sie mit der Lockenschere. Dann klebte sie die Stoffstreifen auf den Motorradhelm ihres Freundes Bär und setzte ihre Perücke auf. Es sah gar nicht schlecht aus. Aber sie wagte es nicht, sich irgend jemandem so zu zeigen.

Herr und Frau Katze fanden die neuen Mieter verdächtig. Sie sprachen sowieso schlecht über jeden, der nicht dreiundachtzig Jahre alt war wie sie. Und Fremde konnten sie erst recht nicht ausstehen. Das Ehepaar Katze wohnte im Erdgeschoß genau unter den Pandas. Den ganzen Tag über lauschten sie auf irgendein Geräusch im oberen Stockwerk. „Hör doch nur, bestimmt schreiben sie an die Wände, diese Wilden!" sagte wohl

einer. Oder auch: „Hörst du diesen Lärm? Sie haben wohl vergessen, die Wasserhähne in der Küche zuzudrehen!" Oder: „Was für merkwürdige Geräusche. Wahrscheinlich essen sie mit den Händen! Besteck und Serviette kennen die doch ohnehin nicht."

Herr und Frau Katze, die in einer verfallenen und schimmeligen, aber immer gut aufgeräumten Wohnung lebten, hielten sich selbst für feine und vornehme Leute. Die Pandas, so glaubten sie, wohnten sicher in einem Dreckloch. Eines Tages fiel der Heizkessel des Großen Baumes aus, und in allen Wohnungen wurde es eiskalt. „Daran sind bestimmt die Pandas schuld!" behauptete Frau Katze. „Aber diesmal sind sie wirklich zu weit gegangen!" Schon stürzte sie los, um sich bei den neuen Mietern zu beschweren. Frau Katze läutete, und die Tür öffnete sich zu einer wunderschönen Wohnung. Die Wände hatten frische lila und blaue Tapeten und waren mit hübschen Blumen übersät.

Vor lauter Verwunderung wußte Frau Katze nicht, was sie sagen sollte. In diesem Augenblick hörte sie ihren Mann im Treppenhaus schreien: „Warte, Karla, ich werde ihnen schon die Meinung sagen!"

Doch kaum war er bei ihr, da zog sie ihn am Ärmel und schimpfte: „Schau dir einmal diese schöne Wohnung an! Und du hast dich geweigert, unsere neu zu streichen! Sieh dir die Fenster an! Wann reparierst du endlich unsere?"

Streitend kehrten Herr und Frau Katze in ihre Wohnung zurück... die Pandas aber schütteten sich aus vor Lachen.

Tausend und eine Geschichte

Familie Wurm wohnte im Untergeschoß, und ihre Küche grenzte ans Wohnzimmer von Familie Maus. Nicht immer lebten die beiden Familien in Frieden miteinander. Die Würmer machten sich nämlich öfters einen Spaß daraus, merkwürdige Formen anzunehmen, um die Mäuse hereinzulegen.

So rutschte zum Beispiel Vater Maus eines Tages rückwärts das Treppengeländer hinunter... Aber das Geländer war Viktor Wurm, und Vater Maus stürzte.

Ein andermal fand Frau Maus vor der Wohnungstür einen mit Früchten geschmückten Hut und rannte damit vor den Spiegel, um sich zu betrachten... Doch schon löste sich der Hut auf und lachte lauthals: Vera Wurm hatte sich um die Früchte gekringelt und zu einem Hut geformt!

Ärgerlich aber wurde das ganze, als Viktor Wurm die Form einer hübschen Vase angenommen hatte. Frau Maus füllte sie mit Wasser, steckte Blumen hinein und stellte sie auf den Schreibtisch ihrer Tochter Kikki. Kikki liebte Blumen. Und als sie sich über eine beugte, um daran zu riechen, schmolz die Vase wie Schnee in der Sonne. Viktor Wurm kam hervor und sang:

„Jetzt hab ich dich hereingelegt!" Das Wasser aber hatte sich über Kikkis Lieblingsbuch ergossen, in dem sie gerade wieder einmal las.

Es hieß „Tausend und eine Geschichte" und enthielt Geschichten über Mäuse-Prinzessinnen und Hasen-Prinzen, über Goldfische als Piraten und Diamanten-Minen, die sich in Baumhöhlen befanden, die Spechte gemeißelt hatten. Es war ein wunderbares Buch zum Träumen. Und Kikki Maus träumte ja so gern!
Als sie ihr Lieblingsbuch naß wie einen Badeschwamm auf dem Teppich liegen sah, versuchte sie, es zu trocknen. Sie legte es in die Nähe des Kamins. Aber die Asche bedeckte es mit kleinen schwarzen Punkten. Da legte sie es auf das Fensterbrett in die Sonne. Doch der Wind riß drei Seiten heraus. Und als Kikki es schließlich neben den Herd legte, briet es ihre zerstreute Schwester in Öl an und streute Pfeffer darüber. Da war das Buch für immer und ewig verloren.

Eine Viertelstunde lang weinte Kikki. Dann beschloß sie zu handeln. Wie eine Wilde stürzte sie in die Wohnung von Familie Wurm und führte sich dort wie eine Wahnsinnige auf. Sie schimpfte, daß die Wurmkinder von allen Kindern im Großen Baum am schlechtesten erzogen wären. Und sie fügte hinzu, daß sie Viktor nie, nie mehr bei einem Schulaufsatz über Käse helfen würde. Dann rannte sie hinaus und schlug die Tür hinter sich zu.

Viktor Wurm fühlte sich ganz elend — vielleicht wegen Kikkis Buch, aber sicher auch wegen seiner Schulaufsätze.

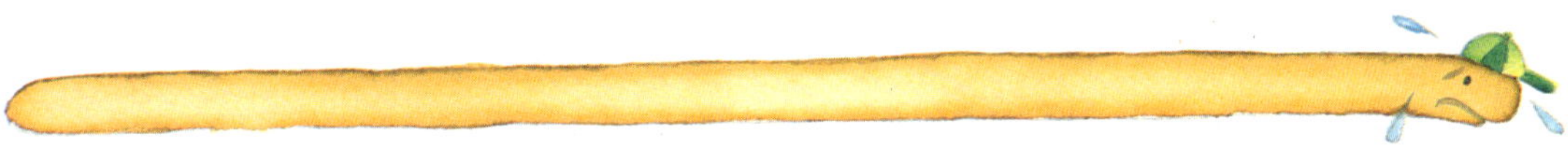

Viktor fing an zu weinen. Und die ganze Familie machte sich schließlich Sorgen um ihn. Aber so schnell waren die Wurms nicht unterzukriegen. Sie hatten viel Fantasie, waren begabte Schauspieler und besaßen außerdem eine alte Kassette von „Tausend und eine Geschichte".

Diese Kassette hörten sie sich heimlich an. Danach suchten sie auf dem Speicher nach einer großen Kiste.

Vater Wurm schloß die Fensterläden und stopfte die Türspalten zu, und dann arbeitete Familie Wurm. Neunzehnmal ging die Sonne auf und wieder unter.

Dann klopfte es eines Abends an der Tür von Familie Maus. Sie öffneten. Vor ihnen allen begann ein großartiges Schauspiel. Familie Wurm hatte einen Vorhang gespannt, der blau war wie die Nacht im Orient und vom gespiegelten Licht vieler kleiner Lampen erhellt wurde.

Die Mitglieder der Familie traten als Indianerhäuptlinge verkleidet auf, als entführte Prinzessinnen und als Seeräuber. Den ganzen Abend spielten sie „Tausend und eine Geschichte", damit ihnen die Mäuse nicht mehr böse sind.

Überall gibt's Streit

Seit zwei Monaten stritten die Ameiseneltern Lukas und Luzie beinahe jeden Tag. Es ging um die Ferien. Luzie wollte ans Meer reisen und im Hotel „Dünenblick" wohnen, und Lukas wollte in die Berge in die Pension „Alpenrot".

An diesem Morgen stritten die beiden besonders heftig. Lukas zerriß das große Weinblatt, auf dem Luzie das Essen serviert hatte. Daraufhin warf Luzie die Sahnesoße um. Ihre Kinder sagten zueinander: „Na, in diesem Jahr wird wohl nichts aus unseren Ferien!"

Schließlich rief Vater Ameise: „Macht, was ihr wollt! Geht ihr ins Hotel ‚Dünenblick', ich gehe mit meinem Freund Stefan Specht zum Angeln!" Und er stürmte hinaus, um den Wohnwagen vorzubereiten.
Auch Stefan Specht und die Gräfin Elsa Elster stritten. Sie wollte an diesem Abend im Fernsehen ein Fußball-

spiel anschauen, er hatte ein Abendessen zu zweit bei Kerzenlicht geplant. Und jeder wollte seine Meinung durchsetzen. Schließlich schrie Stefan: „Dann schaust du dir eben dein Fußballspiel an! Ich gehe jedenfalls mit meinem Freund Lukas Ameise zum Angeln..."
Da geriet Elsa Elster außer sich vor Wut. Sie nahm einen Blumentopf und warf ihn gegen die Wand. Doch

der Blumentopf verfehlte sein Ziel und flog durch das geöffnete Fenster. Mit lautem Knall landete er draußen – ausgerechnet auf dem Wohnwagen von Lukas Ameise.

Lukas fing an zu weinen, weil sein schöner Wohnwagen beschädigt war. Da weinte Luzie vor lauter Aufregung mit. Nun weinte auch Stefan Specht vor Schreck. Und schließlich vergoß Elsa Elster wegen der kaputten Blume dicke Tränen.

Als sie alle vier zusammen dastanden und weinten, sahen sie sich an und mußten plötzlich lachen.

„Warum sind wir nur so wütend geworden?" fragten sie sich. „Das beste ist, wir vertragen uns wieder!" schlugen die beiden Frauen vor.

Und um die Versöhnung zu feiern, gingen alle vier ins Gasthaus „Goldene Katze". Jeder hatte sich für dieses überraschende Fest eine Blüte von der abgestürzten Topfpflanze angesteckt: entweder ins Haar, ins Knopfloch oder in den Gürtel.

Mario Panda hat eine schreckliche Nacht

Mario Panda war Chirurg. Darum war er oft bis spät in die Nacht in der Klinik, und ab und zu wurde er sogar nachts zu einer Operation gerufen.
Manchmal machte sich Mario Sorgen um seine schöne und lebhafte Frau Maria. Fühlte sie sich wohl oft allein? Was unternahm sie alles, während er nicht zu Hause war? Er hatte Maria sehr lieb und wäre gern wie viele andere Männer jeden Tag pünktlich heimgekommen. Aber sein Beruf war ihm ungeheuer wichtig...
Eines Abends kam Mario sehr spät nach Hause zurück. Er hatte Lukas Ameise ganz dringend die Mandeln herausnehmen müssen.
Er bemühte sich, keinen Lärm zu machen, und kam auf Zehenspitzen ins Schlafzimmer geschlichen. Noch nicht einmal das Licht machte er an. Seine Frau lag schon im Bett und schlief.

Der Mond schien ins Zimmer herein und warf seinen Schein auf Maria Panda. „Wie schön sie ist!" dachte Mario und beugte sich über sie, um ihr einen Kuß zu geben. Da hörte er, wie sie leise vor sich hin murmelte: „Peter, ach, Peter!"
„Von wem träumt sie nur?" fragte sich Mario. Er kannte niemanden, der so hieß, und das machte ihm ein weing Sorgen.
Am nächsten Morgen duschte Mario und nahm sich vor, seine Frau beim Frühstück nach diesem Peter zu fragen. Maria stand spät auf. Strahlend betrat sie die Küche, als er gerade den Kaffee zubereiten wollte.

Sie sah nicht aus, als würde sie sich um das Frühstück kümmern. Aber sie umarmte ihren Mann und flüsterte ihm ins Ohr: „Ich habe gestern abend lange auf dich gewartet, um dir etwas zu sagen. Aber dann bin ich eingeschlafen. Wir bekommen nämlich ein Baby, und ich würde es gern Peter nennen. Was meinst du, gefällt dir der Name?"
Nun wußte Mario also, wer dieser Peter war. Und was tat er? Er weinte vor Freude, denn ein Kind hatten er und Maria sich schon lange gewünscht!

Jeder liebt seinen Sport

Eugen Eule spielte gern Fußball. Gustav Goldfisch war von Wasserball begeistert. Doch weil sie unzertrennliche Freunde waren und sich zusammen ein Spiel anschauen wollten, kauften sie zwei Karten für ein Tennisturnier im Freien.

Als sie im Stadion ankamen, unterhielten sie sich über dieses und jenes. Sie ließen sich auf einer der Sitzreihen nieder und erwarteten den Spielbeginn, indem sie Popcorn aßen.

Doch sobald das Spiel anfing, lief alles schief. Jedesmal wenn ein Schläger den Ball berührte, schrie Eugen: „Tor!" Dabei sprang er auf und winkte mit der Wasserflasche, die der Goldfisch zum Atmen brauchte. Jedesmal aber wenn der Ball die Erde berührte, sprang Gustav auf, hechtete nach dem Ball und hob ihn auf. Dabei spritzte er Wasser auf den neuen Mantel von Eugen.

Jeder der beiden beschuldigte den anderen, nichts vom Tennisspiel zu verstehen. Hinzu kam noch, daß Eugen auf der Seite des Bären war, während Gustav Goldfisch zu dem Hasen hielt.

Die beiden stritten inmitten der Zuschauer. Schließlich prügelten sie sich und mußten gewaltsam getrennt werden.

Eugen und Gustav sind immer noch die besten Freunde. Aber seit dem Tag geht jeder allein, um sich Spiele in seinem Lieblingssport anzuschauen.

Hannes Pferd weiß Rat

Hannes Pferd wohnte in einiger Entfernung vom Großen Baum, so weit, daß der Baum von dort aus klein wie eine Eistüte aussah. Trotzdem wohnte er nah genug, um alle Bewohner gut zu kennen.

Sein Haus stand an einer Ecke der Grünen Wiese und war klein, aber behaglich eingerichtet. Es gab darin einen Eßbereich mit roten Ledersitzen; einen grünweißgestreiften Schlafbereich; ein Bad mit Fenstern in Hufeisenform; ein Arbeitszimmer mit einer großen Bibliothek in den Farben „Ausritt im Schnee" und schließlich eine Küche mit Möbeln der berühmten Marke „Steigbügel".

Hannes war acht Jahre alt. Er war ein bißchen schüchtern und galoppierte nur selten bis zum Großen Baum. Trotzdem war er mit allen sehr gut befreundet.

Er ging zwar noch zur Schule, aber er wußte schon

ganz genau, was er einmal werden wollte: Ingenieur wollte er werden und Flugzeuge und Hubschrauber in Pferdeform bauen. Hannes vertilgte riesige Berge von Pommes frites, so wie er es im Fernsehen in Western-Filmen gesehen hatte. Doch er kleidete sich äußerst elegant. Seine Pullover waren die feinsten und teuersten auf der Grünen Wiese – denn von anderen Wollpullovern bekam Hannes Ausschlag.
An diesem Tag saß er mitten auf der Wiese und war ganz in Gedanken versunken. Er wollte nämlich für seinen Freund Zorro Ziege ein kleines Raumschiff bauen. Da hörte er plötzlich in einem nahen Gebüsch jemanden schluchzen. Hannes lief hin und bog die Zweige auseinander.

Vor sich im Gras sah er Herrn Bär sitzen, völlig erschöpft und bittere Tränen weinend. Hannes tätschelte ihm freundschaftlich die Schulter und fragte, warum er denn weine. Herr Bär schneuzte sich die Nase in ein Maulbeerblatt – schon der Gedanke, er müßte sich in so ein Blatt schneuzen, ließ Hannes eine Gänsehaut über den Rücken laufen. Dann erzählte Herr Bär. Gestern abend hatte im Großen Baum eine Mitgliederversammlung stattgefunden. Zunächst war es wie immer: Die Maulwürfe beklagten sich über den Schimmel an den Wänden, Felicitas Fuchs war es zu warm in ihrer Wohnung, Diana Eidechse zu kalt. Die Ameisenkinder

konnten nicht schlafen, weil Familie Wurm zu Hause laut Theaterstücke probte. Horst Hörnchens Blumentöpfe auf dem Balkon waren ständig voller Scherben, weil Stefan Specht und Elsa Elster beim Streiten Geschirr zum Fenster hinausfeuerten. Also, eine ganz normale Mitgliederversammlung. Doch dann am Ende der Sitzung war ein merkwürdiger Mann aufgestanden und hatte angeboten, den Großen Baum zu kaufen. „Ich weiß, daß ihr keinen Pfennig habt, um den Großen Baum wieder instand zu setzen", hatte dieser Herr Hyäne erklärt. „Ich werde ihm einen herrlichen Stamm aus Beton machen. Ich werde ihn mit Plastikblättern schmücken, denen der Regen nichts anhaben kann. Und ich werde ihm ein völlig dichtes Teerdach geben. Weg mit diesem alten Krempel. Es lebe das Moderne!"

Alle schwiegen. Jeder mochte den Großen Baum so, wie er war. Nur Frau Katze fand die Idee mit Plastikblättern recht gut. Doch Elsa Elster, die edle Gräfin, rief entrüstet: „Plastikblätter! Abscheulich!"
Hannes hatte Herrn Bär aufmerksam zugehört. „Eine schlimme Geschichte", meinte er. „Ich werde mir etwas einfallen lassen, um euch zu helfen..." Und sofort begann er mit einem Entwurf, wie der Große Baum wieder instand gesetzt werden könnte.

Alle halfen: Familie Maus reparierte das Dach, Familie Maulwurf kratzte den Schimmel von den Wänden. Die Brüder Hase brachten die Heizung wieder in Gang. Diana Eidechse und Felicitas Fuchs übernahmen das Anstreichen. Familie Eule fertigte Teppiche aus alten Mänteln an. Und alle Kinder zupften fleißig Unkraut. Hannes verkaufte seine eleganten Pullover und kaufte von dem Geld einen neuen Aufzug für den Großen Baum.

Dann lief er schnell nach Hause. Denn wenn er glücklich war, war er am liebsten allein.

Eddi Eule in Gefahr

Drei Tage und drei Nächte lang hatte es geregnet. Die Blätter des Großen Baumes waren naß und schwer wie Schwämme, der Hof glich einem See. Glitzernde Tropfen fielen von den Zweigen, den Regenrinnen und den Balkons.

Die Dachrinne genau unter den obersten Zweigen war randvoll. Und als der tausendste Tropfen dazukam, wurde das Gewicht der Rinne zu schwer. Sie brach ab, und das ganze angestaute Wasser ergoß sich wie ein Sturzbach. Es schoß über die Fensterbank in Elsa Elsters Wohnung. Und es drückte mit solcher Kraft gegen die Fensterscheibe von Familie Eule, daß die in tausend Stücke zerbrach. Danach breitete es sich im Kinderzimmer von Edda und Eddi aus, die tief und fest schliefen.

Edda wachte sofort auf und fing an zu weinen. Und was mußte sie sehen? Das Bettchen ihres Bruders wurde vom Wasser zum Fenster hinausgetragen! Auf einem Zweig zwischen dem Dachgeschoß und dem darunterliegenden Stockwerk blieb es hängen.
Als die Eltern kurz darauf ins Zimmer stürzten, konnten sie das Bettchen nicht erreichen, weil auch ein Teil des Daches eingebrochen war. Inzwischen waren alle Bewohner des Großen Baumes aufgewacht.

Sie kamen herbeigelaufen, stellten sich unter den Zweig, der im Wind schwankte, und die Kehle war ihnen zugeschnürt vor lauter Angst. Jeden Augenblick konnte das Bettchen fallen.
Endlich kam das leuchtend rote Feuerwehrauto angebraust. Hauptmann Wolf sprang heraus. Genau in diesem Augenblick krachte es oben in dem Zweig, und das Bettchen schwankte gefährlich.
Frau Bär fing an zu schluchzen. Markus Maus brachte seine Kinder ins Haus. Der Feuerwehr-Hauptmann Wolf befahl, das große Sprungtuch unter dem Baum auszubreiten. Dann lehnte er die lange Leiter an den Baum und begann hinaufzusteigen.

Der Wind drohte die Leiter umzustürzen. Doch aus allen Fenstern streckten sich Hände und kleine Pfoten heraus, um sie festzuhalten. Der Wind blähte das Sprungtuch auf. Aber aus allen Türen kamen Tücher und Schals, um es an Büschen festzubinden. Endlich bekam der Hauptmann Eddi zu fassen und sprang mit ihm in die Tiefe...

„Hallo!" sagte Eddi mit schläfriger Stimme. „Ich habe etwas ganz Ulkiges geträumt: Mein Bett ist plötzlich verrückt geworden und hat mich hinaus unter die Dusche getragen!"

Vetter Hundertfüßler

Familie Wurm hatte übers Wochenende ihren Vetter Heino Hundertfüßler eingeladen. Das war wirklich mutig, denn dieser Vetter war ziemlich schwierig. Um seine Ankunft zu feiern, lud ihn die Familie in die beste Konditorei des Dorfes ein.

Und dort wurde Heino dann lästig. Müde von der Reise, wollte er unbedingt seine Schuhe ausziehen. Und er bestand darauf, daß die Kellner ihm sofort hundert superweiche Flanell-Hausschuhe besorgten.

Anschließend verlangte er einen ganzen Bus für sich allein. Er hätte ein Anrecht auf fünfzig Plätze, behauptete er, für jedes Paar Füße einen.

Der Stadtbummel war das schlimmste. Vor jedem Schaufenster eines Schuhgeschäfts blieb Heino stehen, ging hinein und probierte hundert verschiedene Schuhe an.

Und das gab jedesmal Schwierigkeiten. Der Stiefel vom vierten Fuß mußte nämlich zur Stiefelette des neunzehnten Fußes passen, der Halbschuh des dritten zum Tennisschuh am achtzigsten... Sobald die Verkäufer ihn nur sahen, flüchteten sie schon in die Lagerräume!
Viktor Wurm nahm schließlich all seinen Mut zusammen. Mit Hilfe seiner Brüder band er dem Vetter sämtliche Füße zusammen, steckte ihn dann in einen Schischuh und schickte ihn mit der Post an folgende Anschrift: „Gipfel des Kilimandscharo. Postlagernd." Und er klebte noch nicht einmal eine Briefmarke darauf.

Andi Ameise hat Alpträume

Das jüngste Ameisenkind war erst acht Jahre alt und hatte seit einiger Zeit nachts schreckliche Träume. Kaum hatte die Mutter es abends mit der Blatt-Decke zugedeckt, kaum hatte sie die Reiskorn-Lampe auf dem Nachttisch gelöscht, da begannen die Alpträume. Andi Ameise träumte, daß der Wind ihm all seine leckeren Körnerkekse wegtrug. Daß sein Vater sich verzaubert hatte und Eugen Eule ähnlich sah. Daß Frau Maus sich einen Finger abgeschnitten hatte... Und schon weinte er. Er träumte, daß im Kühlschrank kein Krümelchen Brot und kein Tropfen Wasser war. Daß Tina Dreher, seine Lieblingssängerin, mit Halsschmerzen im Bett lag. Und wieder kamen ihm die Tränen...

Am nächsten Morgen war Andi Ameise jedesmal schrecklich erregt: Er wollte unbedingt herausfinden, ob seine Alpträume nur schlimme Träume gewesen waren oder ob sich all das wirklich ereignet hatte. Daher stellte er Fragen, die den anderen sehr merkwürdig vorkamen. Zum Beispiel: „Sagen Sie, Frau Maus, haben Sie sich wirklich einen Finger abgeschnitten?" Oder: „Nun, Herr Eule, finden Sie nicht auch, daß mein Vater Ihnen heute morgen ziemlich ähnlich sieht?" Oder auch: „Sag mal, Mutti, was essen wir denn heute, wenn der Wind all unsere Kekse weggetragen hat?" Anschließend setzte er sich vor den Fernseher und wartete auf neue Nachrichten über seine Lieblingssängerin Tina Dreher...

Seine Eltern, seine Brüder und seine Freunde hielten Andi für einen merkwürdigen kleinen Kerl und dachten: „Das kommt bestimmt vom vielen Fernsehn!" Andi sprach mit niemandem über seine Alpträume. Er hatte Angst, daß man ihn auslachen würde.

Außerdem war er ziemlich eigensinnig und wollte das Problem allein lösen, obwohl er doch erst acht Jahre war. Zum Glück gab es jemanden, zu dem er volles Vertrauen hatte, und das war seine Tante Glühwürmchen. Andi besuchte sie, erzählte ihr von seinem Kummer, und die Tante versprach, ihm zu helfen.

In der nächsten Nacht träumte Andi von Mario Panda. Gerade als der sich in ein schreckliches Ungeheuer verwandelte, erschien die Tante am Fenster. Sie lächelte und leuchtete ins Zimmer hinein. Sofort verschwand das Ungeheuer.

Als Andi träumte, daß der Wind seine Lieblingskekse forttrug, erschien Tante Glühwürmchen wieder am Fenster. Und mit Hilfe ihrer Freundinnen leuchtete sie noch heller als beim ersten Mal.
So ging es viele Nächte lang. Schließlich hatte Andi Ameise keine Alpträume mehr.
Alle aber wunderten sich über das seltsame Licht, das sie nachts bemerkt hatten...

Ende gut, alles gut

Heini Hase liebte heimlich Diana Eidechse. Doch er dachte, daß ihr an ihm nichts liege. Diana Eidechse liebte heimlich Heini Hase, doch sie dachte, er wäre in die Gräfin Elsa Elster verliebt.

Wenn sie sich zufällig im Treppenhaus begegneten, grüßten sie sich kaum. Heini dachte: „Aha, sie hat es mal wieder eilig wegzugehen." Und Diana dachte: „Aha, bestimmt läuft er zu seiner Elsa." Wenn sie bei einer Feier einmal zufällig nebeneinander saßen, waren beide traurig, weil der andere nicht lächelte. Heini meinte: „Sie ist traurig, weil sie neben mir sitzen muß." Diana dachte: „Er zieht so ein Gesicht, weil Elsa nicht da ist."

Für beide war es eine schlimme Lage.

Auf jedem Fest tanzte Diana mit allen, um Heini ein wenig zu ärgern.

Heini aber bemerkte es nicht einmal. Er gab sich große Mühe, allen die Getränke besonders liebenswürdig zu servieren. Damit wollte er Diana ein wenig ärgern. Endlich sagte sich Heini: „Schluß jetzt mit dieser einseitigen Liebe!" Und Diana nahm sich vor, Heini zu vergessen.
Daher verließ sie auch ziemlich früh das Fest, das Familie Panda zu ihrem Hochzeitstag gab. Sie beschloß, in eine Disko zu gehen.

Auch Heini ging frühzeitig vom Fest. Er wollte nicht mehr an Diana denken, sondern lieber mit seinem Bruder Computerspiele spielen.

Er eilte ins Treppenhaus – gerade so wie wenige Minuten zuvor Diana Eidechse. Und als er die Stufen hinunterging, sah er plötzlich auf einer Stufe etwas glänzen:

Es war der goldene Schnürsenkel von Dianas Abendtennisschuh! Sofort vergaß Heini seinen Entschluß. Er preßte den Schnürsenkel an sein Herz, seufzte tief und nahm sich vor, den Schnürsenkel als Andenken an Diana aufzuheben.

Diese war inzwischen in der Disko angekommen. Doch

weil ihr der Schnürsenkel fehlte, konnte sie nicht richtig tanzen. Darum machte sie sich schon bald auf den Heimweg. Im großen Hausflur des Großen Baumes war jemand. Oh, das war ja Heini! Er machte sich an ihrem Briefkasten zu schaffen. „Guten Abend", sagte Diana. „Ich glaube, dir fällt gleich etwas aus der Hosentasche." Aus Heinis Tasche schaute ein Stück von dem goldenen Schnürsenkel heraus, und der Hase bekam einen ganz roten Kopf. Im selben Augenblick erkannte Diana ihren Schnürsenkel und wurde vor lauter Rührung tomatenrot. Keiner der beiden sagte etwas, aber sie küßten sich und verlobten sich auf der Stelle.

Eine Überraschung für Gerda Gans

Gerda Gans wohnte am Teich ganz in der Nähe der Schwestern Ente. Sie war verrückt nach klassischem Tanz, hatte aber ein großes Problem: ihre Flossen. Für solche Füße gab es nämlich keine Tanzschuhe. Es gab auch kein Kleidchen für Gerda, aus dem der gefiederte Schwanz herausschauen konnte. Tänzerin konnte sie also nicht werden. Um sich zu trösten, schaute sie den ganzen Tag Ballett im Fernsehen an. Doch sie träumte weiter davon, auf der Bühne im Rampenlicht zu stehen und mit dem berühmten Tänzer Igor Schwanowski das Ballett „Tanz der weißen Schwäne" zu tanzen.
Zum Geburtstag von Gerda Gans dachten sich die Schwestern Ente eine wunderbare Überraschung aus: Sie ließen vom Schneider Markus Maus ein Ballettkostüm machen, das Gerdas Schwanzfedern berücksichtigte.

Dann fertigten sie aus den Gartenhandschuhen von Frau Bär Tanzschuhe an. Und schließlich baten sie Stefan Specht, der Startänzer zu sein.
Stefan Specht war umwerfend in seinem Smoking-Anzug! Paula Ente legte auf dem Plattenspieler den „Walzer des flüchtigen Geflügels" auf. Cora Ente richtete den Lampenschirm wie einen Scheinwerfer aus.
Gerda Gans und Stefan Specht begaben sich auf die Tanzfläche. Zugegeben, er tanzte nicht ganz so wie Igor Schwanowski, aber dieses Überraschungsballett war trotzdem ein voller Erfolg.

Die Fernsehstörung

Eines Tages gab es beim Großen Baum ein schlimmes Gewitter. Im Licht eines Blitzes schimmerte die Fernsehantenne auf dem Dach erst gelb wie der Maisbrei der Mäuse, dann lila wie die Perücke von Maria Panda. Das wäre eigentlich nicht schlimm gewesen, wenn sie danach wieder normal funktioniert hätte. Doch zur großen Überraschung aller Bewohner des Großen Baumes übertrug die Antenne äußerst merkwürdige Sendungen. Jeder hatte „Setz alles auf eine Karte!" eingeschaltet. Und was sah er stattdessen? Das, was beim Nachbarn geschah, und er hörte dazu auch, was dort gesprochen wurde!

Es war schrecklich! Nun erfuhr jeder, daß Herr Goldfisch ein Gebiß trug; daß Vera Wurm sich Schnurrbarthaare auszupfte; daß Herr Katze seinen Gästen verdünnten Wein vorsetzte; daß Blindo Maulwurf die kleine Ameise heiraten wollte, die Eltern aber dagegen waren; daß Stefan Specht Liebesbriefe abschrieb und sie dann an Elsa Elster abschickte; daß Diana Eidechse keine Naturlocken hatte, sondern ihre Haare auf Lokkenwickler wickelte.

Viele persönliche Dinge gab der Bildschirm preis. Doch niemand traute sich, darüber zu sprechen, denn natürlich hatte jeder irgendeine Schwäche. Als die Antenne schließlich wieder repariert war, taten alle so, als wäre nichts geschehen...

Abschied von Oma Sonnenschein

Die Großmutter von Felicitas Fuchs war eine wunderbare kleine Großmutter. Sie hieß Gertrud, doch jeder nannte sie Oma, denn ein bißchen war sie die Oma von allen Bewohnern des Großen Baumes. Sie hatte für die Brüder Hase die Fläschchen mit Möhrensaft zubereitet. Sie hatte Diana Eidechse Umschläge gemacht, als sie sich ihren Schwanz in der Tür des Aufzugs eingeklemmt hatte. Sie hatte für die ganze Familie Ameise Pullover gestrickt. Und sie hatte allen, die nicht einschlafen konnten, Geschichten erzählt. Sie war so lieb und so freundlich, daß jeder sie „Oma Sonnenschein" nannte. Doch die kleine Großmutter war inzwischen sehr, sehr alt. Und von Tag zu Tag wurde sie schwächer. Deshalb war sie auch zu Felicitas gezogen, die sie mit Heilkräutern behandelte und ihr den schönen, silbergrauen Schwanz liebevoll bürstete.

Oma Sonnenschein wurde zwar immer schwächer, aber sie verlor nicht ihre Lebensfreude. Ab und zu backte sie noch einen Kuchen, von dem nur sie das Rezept kannte. Oder sie bestickte eine Tischdecke mit einem hübschen und zarten Muster und schenkte sie dann Felicitas.
Eines Abends schlang Oma Sonnenschein einen großen Schal um den Hals – sie hatte ihn einmal geschenkt bekommen – und ging mit ihrer Enkelin ins Kino. Der Film gefiel ihr wirklich gut.

Und glücklich kehrte sie nach Hause zurück. Sie war so schwach und müde, daß ihr selbst das Bewegen des Schwanzes und das Atmen schwerfielen...

Und eines Abends schlief Oma Sonnenschein ein und wachte nie wieder auf. Sie schied mit einem letzten zärtlichen Blick, einem letzten sanften Lächeln...

Bestimmt war sie die beste Großmutter, die es je im Wald gegeben hat. All ihre Freunde begleiteten sie zur großen Eiche und nahmen weinend Abschied. Ja, sie verabschiedeten sich von Oma Sonnenschein, deren Schwanz ganz blau geworden war, blau wie der schöne Pelz der Tier-Feen.

Mimo Katze kommt

Familie Katze hatte einen Neffen, der von klein auf Mimo genannt wurde. An seinen richtigen Namen erinnerte sich niemand mehr. Wenn Mimo zu den Verwandten auf Besuch kam, war die Aufregung jedesmal groß. Viele junge Damen vom Großen Baum — ob Maulwurf oder Eidechse, Ameise oder Bär — waren in ihn verliebt. Man muß zugeben, daß Mimo in seinen rosa oder lila Hemden und mit den Fliegen, die er trug, immer großartig aussah.

Doch es gab da ein Problem: Wegen nichts und wieder nichts zog er eine Woche lang ein Gesicht. O ja, er war sehr empfindlich, daher auch sein Name Mimo von Mimose. War er gut aufgelegt, dann war er der netteste Kerl. War er aber schlecht gelaunt, dann konnte man kaum mit ihm reden: Traf ihn Frau Bär im Hausflur und sagte: „Hallo, Mimo, heute hast du dich aber ..." Sie wollte sagen „...schick gemacht".

Dann dachte er, sie würde sagen: „Heute hast du dich aber bestimmt noch nicht gewaschen!" Und schon rannte er davon, als hätte ihn eine Wespe gestochen. Noch schlimmer war es, als Frau Ameise sagte: „Wie wäre es, wenn du endlich einmal…" „…abends zu uns zum Essen kämest", wollte sie fortfahren. Doch er hörte nur den Anfang und dachte, sie würde sagen: „Wie wäre es, wenn du endlich einmal deiner Tante beim Geschirrspülen helfen würdest?" Und das machte ihn schrecklich wütend. Dann schickte ihm Felicitas Fuchs einen kurzen Brief: „Bitte komm…" Mimo las nur bis dahin und dachte sich den Rest „mir bloß nicht wieder in die Quere!" Eigentlich aber hieß es: „Bitte komm heute abend zu meiner Geburtstagsfeier."

Während alle anderen also feierten, schlich Mimo aufs Dach und fühlte sich sehr allein. Da schaute Felicitas Fuchs aus dem Fenster. „Pst! Pst!" machte sie nur. Mimo verstand: „Komm schnell! Ohne dich ist mein Geburtstag nur halb so schön." Und diesmal hatte er richtig verstanden! Blitzschnell kletterte er vom Dach und gratulierte ihr.

Ein Wettrennen zum Jahresende

Zum Jahresende hatten die Kinder von Schule und Kindergarten diesmal eine Überraschung für ihre Mütter, Väter und Großeltern bereit: Statt wie sonst zu singen, zu musizieren oder Gedichte vorzutragen, wollten sie ein Dreiradrennen mit Segeln machen.
Als die Eltern und Großeltern festlich gekleidet ankamen, saßen die Kleinen schon startbereit auf ihren Dreirädern. Jedes Tierkind hatte ein Segel in einer anderen Farbe. Das sah großartig aus!
Anita Schnepfe, die Leiterin der Schule, gab das Startzeichen, und der Hausmeister, der es nie schaffte, pünktlich zu sein, startete die Stoppuhr. Etwa hundert kleine Beine begannen zu strampeln... Die Mütter und Väter schrien aus vollem Halse: „Schnel-ler!", und der Wind blies in die Segel.

Er blies so stark, daß er das Dreirad des leichtesten Fahrers forttrug. Plötzlich flog der kleine Andi Ameise über Hecken und Wäldchen davon.
Der kleine Micha Maus fuhr als Erster durchs Ziel und erhielt schon den Siegerpokal, als Andi Ameise immer noch durch die Luft flog.
Er kam schließlich als Letzter an – aber dafür war er als einziger geflogen!

Der begabte Holzschnitzer

Die langen, schlaflosen Nächte der Bewohner des Großen Baumes begannen genau zu dem Zeitpunkt, als Willi Wurm, ein Vetter der Familie Ameise, an einem Sonntagnachmittag im Juni ankam.

Willi war ein sehr begabter Schnitzer. Er nahm ein Stück von einem Baumstamm, wohlriechendes Eichenholz zum Beispiel, und schnitzte ganz großartige Sachen daraus: geheimnisvolle Gänge wie in der Höhle von Ali Baba, zauberhafte Grotten, wie es sie unter Wasser im Meer gibt, Furchen, wie man sie in klaren Nächten auf dem Mond sieht. Willi hatte jedoch nur nachts gute Ideen. Tagsüber schlenderte er durch den Wald, spielte mit seinem Vetter Fußball oder trank mit seinen Freunden Limonade. Nachts überfielen ihn dann die Ideen, und wie ein Wilder bearbeitete er das Holz.

Nach einer Woche waren die Bewohner des Großen Baumes am Ende ihrer Kräfte.

Sie konnten sich nur noch mit Mühe auf den Beinen halten und sahen Willi mit vielsagenden Blicken an.
Willi merkte überhaupt nichts. Wie fast alle Künstler war er sehr zerstreut... Er stellte seine Schnitzereien bei diesem und jenem auf, alle Wohnungen im Baum waren voll davon. Doch als die Bewohner schließlich laut schimpften, blieb ihm nichts anderes übrig, als sein Bündel zu packen und abzureisen.
„Im Großen Baum versteht wirklich niemand etwas von Kunst!" klagte er.
Keiner stimmte ihm zu oder widersprach ihm...

Wo bleibt nur Bernd Bär?

An einem Freitag kam Bernd Bär nach der Schule nicht nach Hause. Frau Bär, die eine Wäscherei besaß und den ganzen Tag über wusch und bügelte, war wie gewöhnlich nach Hause gegangen und hatte für ihre Kinder leckere Apfelküchlein zubereitet.
„Ich esse am liebsten drei auf einmal", sagte eines der Kinder und stopfte sich drei Küchlein in den Mund.
„Mir schmecken am besten fünf auf einmal", meinte Eddi Eule, der jeden Mittag zu Frau Bär kam.
„Und ich esse immer einen ganzen Berg auf einmal", sagte die kleine Betti Bär und nahm sich die restlichen Apfelküchlein.
Doch der Teller von Bernd blieb leer.
„Wo bleibt er bloß?" fragte Mutter Bär besorgt.
Die anderen wußten darauf keine Antwort.

Sie hatten ihn zum letzten Mal im Schulhof gesehen, als er Kieselsteine für seine Sammlung suchte. Doch dann waren sie ohne ihn nach Hause gegangen.
Am Abend war Bernd immer noch nicht da. Der Mond stand schon am Himmel, und Familie Bär war außer sich vor Sorge. Auch die Freunde, die sich bei ihnen eingefunden hatten, machten besorgte Gesichter. Schließlich zog ein Suchtrupp los – mit Stiefeln und Taschenlampen ausgerüstet. Eine Gruppe von Sanitätern folgte mit Lebensmitteln und Heftpflaster.

Doch Bernd Bär hatte sich nicht verlaufen: Ganz in der Nähe der Schule hatte er neben einem Beerenstrauch einen Kieselstein in Form eines Dreirads entdeckt. Einen einzigartigen Stein, der in seiner Sammlung fehlte. Glücklich war er damit ein wenig vom Weg ab in die Wiese gelaufen, um ihn in aller Ruhe zu betrachten. Als er endlich nach Hause kam, traf er dort niemanden an und rief darum seine Freundin Kikki Maus an.

Sie sagte: „Ja, was wir für Sorgen mit unseren Eltern haben!" Und dann machten sich alle beide auf die Suche. Bernd nahm den Kompaß mit, Kikki ihren Verbandskasten. Und so suchten sie den Wald nach Familie Bär ab.
Etwa eineinhalb Stunden später stießen die beiden Gruppen auf einer kleinen Lichtung aufeinander. Was für eine Überraschung! Mutter Bär schimpfte mit ihrem Sohn, weil er so leichtsinnig war. Und Bernd warf seiner Mutter vor, daß sie sich wegen jeder Kleinigkeit aufregte. Die anderen redeten beruhigend auf sie ein. Zusammen kehrten sie nach Hause zurück. Unterwegs aber pflückten sie sich Beeren, weil die Apfelküchlein ja schon lange aufgegessen waren.

Wenn zwei sich streiten...

Nachdem Elsa Elster und Stefan Specht schon mehrere Monate miteinander verlobt waren, beschlossen sie zu heiraten. Und sie wollten miteinander in Stefans Wohnung leben, sobald diese renoviert wäre.
Zunächst wandten sie sich an einen Fachmann, den berühmten Dominik Dekorateur. Er ließ seinen Blick kurz in der Wohnung umherschweifen und begann sofort, alles neu einzurichten:
„Dort könnte ich mir vierzehn Sessel gut vorstellen... Die Stehlampe muß unbedingt weg, die ist aus der Mode... Und wozu ein Tisch? Viel besser sähe dort ein lila und gelb gestreiftes Sofa aus...!" Stefan Specht und Elsa Elster kauften alles, was Dominik Dekorateur ihnen geraten hatte. Und dann beauftragten sie das Transportunternehmen „Nah und fern", die neuen Möbel in die Wohnung von Stefan Specht zu bringen.

Das Transportunternehmen „Nah und fern" war bekannt für seine Tüchtigkeit. Es war ein Familienbetrieb der Ameisen, in dem sämtliche Verwandten mitarbeiteten: Eltern, Kinder, Onkel, Kusinen und sogar Verwandte aus dem hintersten Bayerischen Wald. Alle trugen dieselbe Uniform: einen langen blauen Kittel mit einem roten Feld auf dem Rücken, in dem groß und gut

sichtbar „NF" stand – für „Nah und fern". Anton Ameise überwachte den Transport der Sessel und des Sofas durchs Treppenhaus. Doch als alles fertig eingerichtet war, änderte Elsa ihre Meinung. Sie sagte, für all die Sessel wäre bei Stefan nicht genug Platz. Es wäre besser, wenn man sie in ihre Wohnung hinüberbrächte, die wäre geräumiger. Die Ameisen zogen wieder ihre blauen Kittel an und schleppten die Möbel zu Elsa Elster hinüber. Als alles fertig war, entdeckte Stefan, daß es in Elsas Wohnung nur eine Dusche, aber keine Badewanne gab. Ein Leben ohne Badewanne würde ihn angriffslustig machen, und dann wäre er sehr wohl

imstande, mit seinem Schnabel auf den Möbeln herumzuhacken. Und da sein Schnabel spitz war, konnte man sich leicht ausmalen, in welchem Zustand die Möbel bald wären!
Wieder riefen sie die Ameisen, und die brachten alles in Stefans Wohnung zurück.
Doch Elsa war so wütend, daß sie erklärte, sie wollte nicht mehr heiraten.
Da zogen die Ameisen ihre blauen Kittel aus und brachten alle Möbel zum Möbelgeschäft zurück. Weil sie jedoch statt eines Umzugs vier Umzüge gemacht und viel Geld verdient hatten, kauften sie sich einen Wohnwagen und fuhren damit in Urlaub.

Philipp Fischotter hat Masern

Die Mutter von Philipp Fischotter war in einem südlichen Land geboren und hatte eine schöne getönte Haut. Sein Vater stammte aus einem asiatischen Land und hatte mandelförmige Augen. Philipp hatte von beiden das Beste geerbt: vom Vater die Mandelaugen und von der Mutter die schöne Haut. Alle Jungen und Mädchen der Schule bewunderten Philipp. Wenn er eine himmelblaue Krawatte trug, wollten alle Jungen himmelblaue Krawatten. Wenn er Negerküsse aß, wollten alle nur noch Negerküsse. Eines Tages kam Philipp Fischotter mit lauter kleinen roten Punkten im Gesicht nach Hause.

„Er hat Masern!" rief seine Mutter und machte ihm schnell das Bett zurecht.

„Er hat Masern!" rief sein Vater kopfschüttelnd und lief in die Apotheke, um Arznei zu kaufen.

„Er hat Masern", bestätigte Doktor Maulwurf. Nun gab es keinen Zweifel mehr: Philipp Fischotter hatte Masern. Natürlich wollten alle Kinder es ihm nachmachen: Alle wünschten sich Masern! Und tatsächlich hatten sie bald darauf rote Punkte im Gesicht, alle außer dem kleinen Wurm. Er hatte sich als einziger nicht angesteckt. Deshalb malte er sich mit einem Rotstift vierzehn rote Punkte ins Gesicht.

Hilfe, ein einäugiges Monster!

Alle älteren Kinder des Großen Baumes gingen zur Schule. Morgens brachen sie gemeinsam auf. In ihren Täschchen hatten sie das Frühstück dabei.
Schon auf der Straße ging der Unfug los: Sie traten sich gegenseitig, jagten hintereinander her, schlugen sich und nahmen sich gegenseitig den Kaugummi mit Himbeergeschmack weg.
Wenn sie schließlich bei der Schule ankamen, mußten ihnen ihre Lehrerinnen, die Schwestern Schnepfe, den halben Vormittag die aufgeschürften Knie säubern, Pflaster aufkleben, die Kleidung wieder in Ordnung bringen, die Nase putzen.
Die Schlimmsten der Klasse waren Micha Maus, der mit dem Walkman zur Schule ging und im Takt der Musik lief, dann Eddi Eule, der ständig mit dem kleinen Bären Streit anfing, und schließlich Willi Wurm, der die Gruppe

unter Verrenkungen und Fratzenschneiden auf dem Schulweg anführte.
Von den Mädchen standen Kikki Maus und Melina Maulwurf den Jungen in nichts nach!
An diesem Morgen ging es in der Klasse besonders schlimm zu. Melina Maulwurf hatte ihre Kontaktlinsen verloren und heulte wie ein Schloßhund.
Plötzlich wurde es mucksmäuschenstill. Alle Augen richteten sich auf das Fenster, wo sich der Umriß eines Monsters abzeichnete. Eines Monsters mit nur einem Auge!

Willi Wurm brach sofort in Tränen aus, und die anderen zitterten wie Espenlaub. Die Lehrerin Anna Schnepfe ging auf den Gang hinaus, um sich das Monster etwas näher anzuschauen. Es war gar kein Monster! Es war nur der Hausmeister! Er war an seinem Tisch eingeschlafen. Und die Lampe warf seinen Schatten auf das Klassenfenster, genau wie bei einem Schattenspiel! Das Auge war ein offenes Knopfloch — an seinem Hemdärmel war nämlich ein Knopf aufgegangen. Die Lehrerin nutzte die Gelegenheit: Sie machte auf dem Absatz kehrt und ging in die Klasse zurück.

„Ihr Nichtsnutze!" schimpfte sie. „Dieses einäugige Monster erträgt euren Lärm nicht mehr. Es kommt, und es hat mir sogar seine Telefonnummer gegeben." Dabei hielt die Lehrerin den Kassenzettel eines Supermarktes in die Höhe. Inzwischen aber war der Hausmeister aufgewacht und schälte sich in aller Ruhe eine Orange. Am Fenster sah das aus, als ob sich dahinter ein Karussell drehte. „Los!" rief Melina Maulwurf. „Das Monster bietet uns eine Karussellfahrt an." Die anderen folgten ihr lachend, denn die Kinder vom Großen Baum sind viel lieber fröhlich als ängstlich.

Frieder Froschs Rubin ist verschwunden!

Im Laden von Frieder Frosch, dem berühmten Uhrmacher, war alles wie immer in Ordnung. Die Wecker der Ameisen hatten ihr Reiskorn an der richtigen Stelle; die Käse-Wecker der Mäuse waren gerade repariert. Beim Wecker von Eugen Eule mußte noch eine Feder ausgewechselt werden, und bei der Standuhr von Diana Eidechse waren die Ziffern noch mit Nagellack zu überziehen.
Im Schaufenster glitzerten die Edelsteine so wie immer. Da waren zwei Smaragde, die man in der Dunkelheit

leicht mit den Augen von Frau Eule verwechseln konnte. Dann Diamanten, die Frau Bär mit riesengroßen staunenden Augen betrachtete; Saphire so blau wie der nahe Fluß, von denen Frau Maus träumte. Aber es fehlte — und das entdeckte Frieder Frosch soeben — der große Rubin, ein Rubin von einem solchen Rot, daß das Sonnwendfeuer dagegen blaßrosa aussah!
Einen Augenblick war Frieder Frosch starr vor Entsetzen. Doch er fand schnell zu seiner Kaltblütigkeit zurück und rief Kommissar Daniel Dachs an. Im Nu war dieser mit seinem röhrenden Motorrad zur Stelle. Er war gekleidet, wie es sich für einen Kommissar gehört: heller Regenmantel und tief ins Gesicht gedrückter Hut.

Die Neuigkeit verbreitete sich wie ein Lauffeuer. Die einzigen Hinweise auf die Täterin oder den Täter gaben ein kleines Stück blauer Stoff, das am Türgitter hängengeblieben war, eine Glasscherbe und ein wenig weißer Staub im Schaufenster.

Kommissar Dachs begann, alle Bewohner des Großen Baumes zu befragen. Die meisten hatten ein stichfestes Alibi, andere waren ganz einfach unverdächtig. Plötzlich rief Frau Katze: „Aber diesen Stoff kenne ich! Der ist von Elsa Elsters Abendkleid!" Danach erklärte Doktor Maulwurf, die Glasscherbe sähe aus, als stamme sie von Elsas Theaterfernglas. Der Verdacht schien bestätigt, als Diana Eidechse an dem weißen Staub im

Schaufenster roch und sagte: „Das ist der Reispuder, mit dem sich Elsa Elster den Schnabel bestäubt."
Kommissar Dachs läutete an Elsas Tür und führte sie ab.
Da freuten sich einige Bewohner, sie mochten Elsa nicht. Nur Stefan Specht erklärte, sie wäre unschuldig.

Er allein sagte auch, daß alle voreingenommen wären, weil es hieß, Elstern seien diebisch. Doch niemand hörte ihm richtig zu. Man wußte ja, wie verliebt er in Elsa Elster war! Doktor Maulwurf sah, daß Stefan Specht sehr unglücklich war, und bot ihm an, bei ihm zu bleiben. Doch dann wurde er ganz dringend zu Familie Bär gerufen. Betti Bär hatte nämlich ganz fürchterliche Zahnschmerzen. Eigentlich war Doktor Maulwurf ja Augenarzt. Aber wenn es jemandem vom Großen Baum schlecht ging, half er immer. Er rannte also sofort die Treppen hinunter zur Wohnung von Familie Bär.

Betti heulte wie eine Sirene. Sie hatte fünfzehn Stück Kirschkuchen gegessen, und nun war ein Kirschkern im Zahn steckengeblieben. Doktor Maulwurf nahm seine Pinzette, zog den Kern behutsam heraus und legte ihn auf den Tisch.

Was für eine Überraschung! Das war gar kein Kirschkern. Es war der Rubin von Frieder Frosch! Der Rubin von leuchtenderem Rot als das Sonnwendfeuer.
Betti fing zu weinen an und beantwortete die Fragen des Kommissars: Sie hatte die Kirsche von der Straße aufgehoben. Ja, sie hatte sehr wohl gesehen, wo sie herkam. Moni Marder hatte sie verloren. Sie versuchte, etwas unter ihrem blauen Umhang zu verstecken. Auf dem Rücken trug sie einen großen Sack Mehl, das fein wie Staub war. „Sie war sehr wütend", berichtete Betti, „denn sie hatte ihr Uhrenglas verloren."

„Bring sie doch zu Frieder Frosch“, hatte Betti vorgeschlagen. „Er repariert sie dir bestimmt.“ Doch kaum hatte sie den Namen „Frieder Frosch“ ausgesprochen, da war Moni Marder aufgesprungen, hatte sie „dummes Kind“ geschimpft und war davongerannt.
Betti hatte die Kirsche aufgehoben und damit Oma Klaras

Geburtstagstorte verziert. Somit war bewiesen, daß Elsa Elster unschuldig war.
Natürlich wurde sie sofort freigelassen. Die Bewohner des Großen Baumes wußten gar nicht, wie sie sich bei ihr entschuldigen sollten. Sie schickten ihr einen Pfirsichzweig mit einer Karte, die alle unterschrieben hatten, und baten: „Verzeih uns, liebe Elsa!"
Betti Bär aber, die den Hinweis auf den wirklichen Dieb gegeben hatte, wurde mit einem Schokoladenorden belohnt. Und den futterte sie auf der Stelle!

Wie aus einer Mücke ein Elefant wird

Diana Eidechse und Frau Bär tranken zusammen Tee und aßen dazu köstlichen Kuchen aus Kastanienblättern, gefüllt mit Schlagsahne. Irgendwann machte Frau Bär eine plötzliche Bewegung und stieß dabei die Teetasse und den Kuchenteller um. Beides landete auf dem schönen Seidenkleid von Diana Eidechse. Erschrocken sprang sie auf, die Tasse fiel zu Boden und zerbrach.
„Es tut mir ja so leid!" entschuldigte sich Diana.
„Das macht doch nichts", sagte Frau Bär liebenswürdig.
Genau in diesem Augenblick ging Elsa Elster am Fenster vorbei.

Sie eilte nach Hause, um Stefan Specht die Geschichte brühwarm zu erzählen. „Diana Eidechse hat absichtlich drei Teetassen von Frau Bär zerbrochen, und die war außer sich vor Zorn!"

Gleich rief Stefan seinen Freund Lukas Ameise an: „Weißt du schon das Neueste? Diana hat Frau Bär sechs Kristallgläser an den Kopf geworfen. Nun hat sie einen Bluterguß und drei Beulen!"

Lukas erzählte seiner Frau, daß Diana Eidechse und Frau Bär sich ein ganzes Tafelservice an den Kopf geworfen hätten und daß Frau Bär mit dem Sanitätswagen ins Krankenhaus gebracht worden wäre.

Luzie Ameise war sehr besorgt. Sie erzählte Eugen Eule, die beiden Frauen hätten sich geschlagen, den

Geschirrschrank im Wohnzimmer umgeworfen, und dabei wären alle Gläser und das ganze Geschirr in Scherben gegangen. Frau Bär aber müßte sofort in der Klinik operiert werden... Alle im Großen Baum waren entsetzt. Doktor Maulwurf bot an, am Bett von Frau Bär Nachtwache zu halten. Die Mäuse kauften ein funkelnagelneues Tafelservice. Maria Panda gab einen Wohnzimmerschrank aus Kirschholz in Auftrag. Und Heini Hase bereitete für Diana einen Beruhigungstee zu. Vorsichtig näherten sie sich der Wohnung von Frau Bär. Da kamen die beiden Damen heraus und verabschiedeten sich voneinander wie die allerbesten Freundinnen. So kam es, daß der Kirschholzschrank im Keller landete und Heini Hase seinen Beruhigungstee selber trank.

Die Verlobten fahren in Urlaub

Tante Glühwürmchen wurde von ihren Neffen, den Ameisenkindern, heiß geliebt. Sie wohnte in einem Gebüsch in der Nähe der Schummerlicht-Straße und war mit Gustav Glühwurm verlobt, der bei den Ampelbetrieben arbeitete. Wenn ihm eine Ampel gefiel, schlüpfte er hinein und leuchtete anstelle der Glühbirne. Trug er eine rote Weste, dann hieß das „Anhalten!", trug er eine grüne, bedeutete es „Freie Fahrt".
Auch Tante Glühwürmchen half aus, wo sie nur konnte. Hatte jemand vergessen, Geburtstagskerzen zu kaufen, so bat sie ein paar Freundinnen, statt der Kerzen zu leuchten. Wenn Kinder Heidelbeeren oder Pilze suchten, die unter dunklen Blättern versteckt waren, dann leuchtete sie, und die Kinder fanden sie sofort. Wenn ein Fußballspiel bei Dunkelheit ausgetragen wurde, zeigte sie die Tortreffer beider Mannschaften an:

Sie leuchtete einmal lang für ein Tor der Bären, zweimal kurz für eins der Eulen. Als Tante Glühwürmchen mit ihrem Verlobten für zehn Nächte in Urlaub fuhr, hatte das schlimme Folgen: Die Kinder pflückten Beeren, die nach Rizinusöl schmeckten.

Für den kleinen Kiebitz gab es keine Kerzen auf der Geburtstagstorte. Die Eulen gewannen das Fußballspiel, obwohl sie kein einziges Tor geschossen hatten. Und weil der schöne Gustav auch weggefahren war, funktionierten die Lichter am Flughafen nicht, und zwei

Hubschrauber landeten im Garten der Schwestern Ente, weil sie ihn für die Landebahn hielten. Doktor Maulwurf aber wurde auf der Straße von einem Dreirad angefahren. Ja, Tante Glühwürmchen und ihr Ver-

lobter fehlten wirklich an allen Ecken und Enden! Man bat sie daher, frühzeitig nach Hause zurückzukehren. Doch dazu waren sie nicht bereit. Und deshalb fuhren viele vom Großen Baum ebenfalls in Urlaub.

Ein geheimnisvolles Licht

Als Frau Katze ungefähr um elf Uhr abends bemerkte, daß ihr Fenster nicht geschlossen war, sprang sie mit einem Satz aus dem Bett. Sie war es gewöhnt, im Dunkeln zu schlafen, aber durch das halbgeöffnete Fenster kam Licht herein.

Sie wollte ihren Mann wecken. Doch der schlief schon seit über einer Stunde. Da war nichts zu machen. Er drehte sich einfach auf die andere Seite und schnarchte noch lauter als zuvor.

Als sich Eveline, die Tante der Maulwurfkinder, gegen elf Uhr vor ihren Frisierspiegel setzte, um sich die Haare zu bürsten, stellte sie überrascht fest, daß der Spiegel lauter Risse hatte. Sie sahen aus wie ein Spinnwebnetz. Eveline murmelte: „Na, sicher haben sich die Zwillinge einen Spaß ausgedacht", und legte sich, ohne die Haare zu bürsten, ins Bett.

Ebenfalls um elf Uhr beschlossen Stefan Specht und Lukas

Ameise, nach dem nächsten Kartenspiel aufzuhören. Als sie die Karten betrachteten, waren die sehr merkwürdig verteilt: lauter Kreuz-Neuner und Pik-Dreier! Stefan Specht und Lukas Ameise beschuldigten sich gegenseitig des Falschspiels. Zornig schmissen sie die Karten auf den Tisch und gingen nach Hause, ohne sich „gute Nacht" zu wünschen.

So gab es in dieser Nacht im Großen Baum fünf Bewohner, die nicht schlafen konnten: Frau Katze, die sich unter der Bettdecke verkrochen hatte, um den Licht-

schein nicht mehr zu sehen. Tante Eveline, die sich eine Strafpredigt für ihre Neffen ausdachte, Stefan Specht und Lukas Ameise, von denen jeder meinte: „Nicht einmal meinem besten Freund kann ich vertrauen!" Außerdem war da noch Eugen Eule, der Nachtwächter, der selbstverständlich nachts nicht schlief. Jeder dieser fünf sah ein merkwürdiges Licht, das über der Spitze des Großen Baumes leuchtete. Es sah aus wie ein

riesengroßer Pfannkuchen, der über und über mit Glühwürmchen bedeckt war. Ein fliegender Pfann-

kuchen, der am Himmel hing und „summ-summ" machte wie eine Biene, wenn sie eine ihrer Lieblingsblumen gefunden hat.
Frau Katze dachte, der Hausverwalter des Großen Baumes hätte eine neue Lampe aufgehängt, nur um sie zu ärgern.
„Bäh!" machte sie und streckte dem seltsamen Licht die Zunge heraus.
Sofort antwortete dieses: Es schickte ihr einen Teller mit köstlichen, in Butter geschwenkten grünen Böhnchen.

Als Eveline Maulwurf das Licht vom Himmel herab sausen sah, dachte sie, nun wäre der Märchenprinz gekommen, um sie in sein Königsschloß mitzunehmen. Sie lächelte dem seltsamen Licht zu, und sofort schickte

es ihr als Antwort ein herrliches blaues Licht. Da schimmerten die Haare der Tante auf einmal in den Farben des Regenbogens.

Stefan Specht stand am Fenster und dachte: „Oh, das ist sicher mein Freund Lukas, der mit mir Frieden schließen

will. Deshalb schickt er mir ein Lichtzeichen." Mit einem kleinen Spiegel lief er zum Fenster, um das Lichtzeichen zurückzuschicken... Lukas Ameise tat an seinem Fenster genau das gleiche: Darauf sandte das merkwürdige Licht zwei rote Lichter, eine Pik-Neun fiel genau vor die Füße von Stefan Specht; und eine smaragdgrüne Kreuz-Drei landete vor Lukas.
Doch Eugen Eule ließ sich von dem Licht nicht beeindrucken. Er tat seine Pflicht als Nachtwächter des Großen Baumes.

Darum drückte er auf alle Klingelknöpfe gleichzeitig und rief: „Aufwachen! Schaut euch die Fliegende Untertasse an! Ein UFO ist über uns. Wir müssen es empfangen, wie es sich gehört!"
Viele reckten den Kopf aus dem Fenster, einige Bewohner stiegen auf die Dachterrasse, und alle machten „Ooohhh". So leise jedoch, daß man es kaum hörte.
Was dann in jener Nacht passierte, weiß man nicht genau. Die Bewohner des Großen Baumes haben geschworen, darüber mit niemandem zu sprechen.
Bekannt ist jedoch, daß die Kinder auf der Karte mit dem Sonnensystem einen geheimnisvollen Planeten Kuchen einzeichneten, genau zwischen dem Planeten Jupiter und dem ersten Ring des Saturn. Bekannt ist auch, daß die Bewohner des Großen Baumes seit dieser Nacht eine merkwürdige Sprache benutzten, die „Kuchensprache", in der es viele Triller und Glockentöne gibt. Und weil die Geschichte dieser Nacht in der Kuchensprache erzählt wird, werden alle, die nicht im Großen Baum wohnen, nie mehr darüber erfahren.

Specht
ELSTER
Eugen Eule
DIE BRUDER HASE
Horst Hörnchen
DIANA
EIDECHSE
WÄSCHEREI BÄR
FRIEDER FROSCH Uhrmacher
WOLF
KATZE
SCHNEIDER MAUS
Viktor Wurm
DACHS
NACHT-WÄCHTER
Nah und fern
DOKTOR Maulwurf

Peter Panda wird geboren

An einem Montagmorgen um drei Uhr wurden Felicitas Fuchs, die Brüder Hase und Diana Eidechse durch ungewohnten Lärm aus dem Schlaf gerissen: Das Baby, das Maria Panda erwartete, wollte ausgerechnet zu dieser Zeit auf die Welt kommen.
Rasch steckte Maria ein Paar Pantoffeln und einen Pullover in eine Tasche. Mario holte, so schnell es ging, das Auto aus der Garage. Er würde Maria in die Frauenklinik fahren, wo beinahe alle Kinder vom Großen Baum zur Welt gekommen waren.
Auf allen Stockwerken gingen die Lichter an. Jeder freute sich, wenn im Großen Baum ein Baby zur Welt kam. Frau Bär bereitete sofort einen Gersten-Kaffee zu. Felicitas Fuchs erzählte Geschichten von fernen Ländern, damit die Zeit schneller vorüberging.

Doktor Maulwurf stand in ständigem Telefonkontakt mit der Klinik und hielt die Bewohner auf dem laufenden. Die Würmer brachten Blumen und kleines Spielzeug in das Kinderzimmer, das die Pandas für ihr Baby hergerichtet hatten. Großmutter Katze suchte eine alte Schallplatte mit einem Wiegenlied hervor. Kurzum, das Baby wurde von allen mit großer Freude erwartet. Frau Bär hatte sogar schon den Anfangsbuchstaben seines Vornamens auf eine kleine Decke gestickt. Alle wußten ja, daß das Baby Peter heißen würde, weil seine Mutter von diesem Namen geträumt hatte.
„Ruhe!" rief Doktor Maulwurf, der mit Mario telefo-

nierte. „Ich kann sonst nicht verstehen, was er sagt. Wie steht's, ist Peter da?"
Die Freunde rund ums Telefon stießen Freudenschreie aus und klatschten vor Begeisterung in die Hände.
„Ruhe! Seid doch mal still!" rief Doktor Maulwurf. „Es gibt außerdem noch ein kleines Mädchen?"
„Bravo! Zwillinge!" riefen die Freunde begeistert.
Sofort begannen sie zu feiern. Doch mittendrin wurden sie durch eine weitere Neuigkeit unterbrochen: Noch zwei kleine Pandas waren zur Welt gekommen. Vierlinge also! Vier neue Babys auf einmal im Großen Baum!

Elsa Elster stellte zwei Schubladen ihrer Kommode als Babybettchen zur Verfügung. Ein weiteres wurde aus einem Weidenkorb von Diana Eidechse gemacht. Die Tischdecken der Ameisen dienten als Zudecken, die kleinen Orangensaftflaschen der Würmer als Babyfläschchen. Alles war bereit. Doch die Namen für drei Pandakinder fehlten noch, denn bisher hatte nur Peter einen. Der Himmel war dunkelblau und sternenklar, und das brachte Felicitas Fuchs auf eine Idee: Könnte man den zweiten Jungen vielleicht Komet und die Mädchen Stella und Luna nennen? Alle klatschten vor Begeisterung.

Ein ganz besonderer Dieb

Moni Marder war eine unverbesserliche Diebin. In regelmäßigen Abständen ließ sie sich das ganze Jahr über festnehmen. Sie stahl nicht nur Gegenstände, die ihr gefielen, wie die Ringe von Elsa Elster, den Computer von Heini Hase oder die Steine in Fahrradform, die Bernd Bär sammelte. Sie stahl einfach alles. Es war eine richtige Sucht bei ihr. Sogar das Gebiß von Herrn Katze stahl sie (obwohl sie kerngesunde Zähne hatte) und Motorradauspuffrohre (obwohl sie doch nur ein Dreirad besaß).

Den ungewöhnlichsten Diebstahl allerdings beging sie am Sonntag, den 36. September: In dieser klaren Mondnacht stahl sie alle Düfte und jeden Geschmack aus dem Großen Baum. Sie schloß sie in einen Sack ein, lief davon und versteckte sich in der Nähe hinter einem Busch.

Es war entsetzlich! Die Kirschsuppe, die Heidelbeersoße und das Apfelkompott, alles schmeckte wie ein trauriger Novemberwind. Selbst zwischen einem Stück Käse und einer Aprikose konnte man keinen Unterschied riechen. Die Bewohner des Großen Baumes waren außer sich vor Zorn. Kommissar Dachs folgte der Duftspur, die der Sack zurückgelassen hatte, und nahm Moni Marder in Haft. Drei Tage lang bekam die Übeltäterin nur gekochtes Regenwasser.

Ein schwieriges Familienfoto

Herr Goldfisch und seine Frau wollten unbedingt ein Familienfoto von sich und ihren Kindern haben. Sie hatten vor, es vergrößern zu lassen und den Großeltern, Onkeln, Tanten, Kusinen und Vettern zu schicken. Schön und gut! Aber niemand vom Großen Baum wußte, wie man unter Wasser fotografiert. Hannes Pferd kniete sich ans Flußufer und versuchte, mit seiner Kamera und mit Blitzlicht ein Foto zu machen. Es wurde nichts. Alles war vollkommen verschwommen!
Die Goldfische ließen sich nicht entmutigen. Sie setzten ihre Wassermasken auf und nahmen nebeneinander auf dem Sofa von Familie Ameise Platz für ein neues Foto. Doch mit diesen Masken sah ein Goldfisch genauso wie der andere aus!

Das Familienfoto wurde zum Problem. Doch glücklicherweise gab es den Maler Horst Hörnchen! Ein ums andere Mal tauchte er ins Wasser. Und jedesmal wenn er herauskam, malte er aus dem Gedächtnis einen der Goldfische.

Es wurde ein großartiges Familienbild, ganz mit Ölfarben aus Oliven- und Sonnenblumenöl gemalt. Ja, es war so gut, daß es die Goldfische gar nicht erst mit nach Hause nehmen durften. Der weltberühmte Kunst-Sachverständige Carlo Critico sah es, kaufte es und schenkte es dem Museum für Eichhörnchenkunst.

Ein außerordentlicher Geburtstag

An jenem Tag beeilten sich die Schulkinder vom Großen Baum, nach Hause zu kommen. Sie stellten einander kein Bein, stießen sich nicht gegenseitig in den Rinnstein, stibitzten einander nicht das Frühstücksbrot.
Nein, an jenem Tag flüsterte einer dem anderen ganz leise ein Geheimnis ins Ohr.
Auch die Erwachsenen im Großen Baum stritten nicht, sondern waren ganz friedlich. Sie sprachen leise miteinander, gerade so, als hätten sie Angst, ein schlafendes Baby zu wecken.
Ein großes Fest mußte nämlich in aller Heimlichkeit vorbereitet werden, ein ganz außerordentliches Fest für einen ganz außerordentlichen Geburtstag!
Man feierte nicht das achte Gebiß von Herrn Katze, o nein! Auch nicht den Geburtstag von Betti Bär, die immer die Kerzen von ihrem Kuchen essen wollte.

Es war auch nicht der Hochzeitstag von Eugen Eule und seiner Frau, den sie alle Jahre zu zweit im „Blauen Engel" feierten.
Es war ganz einfach... der Geburtstag des Großen Baumes. Ein Geburtstag, der nur alle hundert Jahre gefeiert wurde. In diesem Jahr nun würde der Große Baum — er, der schönste, größte und älteste von allen im Wald — eintausendundfünfhundert Jahre alt!
Während seines langen Lebens war er immer sehr beliebt gewesen. Und zu manchen Geburtstagen hatten ihm sogar ganz berühmte Leute gratuliert. Einer davon war der französische Kaiser Napoleon.

Er hatte dem Großen Baum eine wunderschöne Glückwunschkarte und eine Taschenuhr geschenkt. Weil es für den Großen Baum etwas schwierig war, die Taschenuhr zu tragen, hatte man sie an einen Ast neben der Dachwohnung von Eugen Eule aufgehängt. Wenn es windig war, schaukelte die Uhr hin und her.
Im Lauf der Jahre hatte sie ihre Zeiger verloren. Alle, die ihre Wohnung im alten Stamm des Großen Baumes hatten, liebten die Uhr so, wie man einen Urgroßvater liebt. Die Uhr steckte für sie voller Geheimnisse: Wohin war sie wohl schon gereist, welche fremden Länder hatte sie gesehen, welche Meere überquert?

Der Große Baum träumte an diesem Tag vor sich hin. Ab und zu warf er einen Blick zu den Wolken hinauf. Doch von dem, was um ihn vor sich ging, bemerkte er nichts. Nur am Abend wunderte er sich, als alle weggingen. Sogar der Nachtwächter verließ den Baum und selbst Frau Maus, die sich doch sonst bei Beginn der Familienserie keinen Schritt mehr vom Fernsehsessel entfernte. Und auch Mimo Katze, der wegen Schnurrhaar-Schmerzen eigentlich das Bett hüten mußte…

Niemand war mehr da. Und außer dem leisen Summen des Windes war nichts zu hören.
Doch plötzlich kam Leben in die Büsche ringsum. Der Große Baum entdeckte die Kutsche der Elfen – Frau Bär hatte sie für dreitausend Bonbons pro Stunde gemietet. Auf der Kutsche gab es Kerzen, Wunderkerzen und einen Bach aus Erdbeersaft... Eintausendfünfhundert Lichter, eintausendfünfhundert Tropfen Erdbeersaft... Und plötzlich riefen alle laut und begeistert: „Es lebe der Große Baum! Er lebe hoch! Hoch, hoch, hoch!"
Dann wurde eine riesengroße Torte aus Tautropfen und Zuckerwatte mit dem Ballon, den Onkel Miffo-Maffo auf der Wiese zurückgelassen hatte, hoch in die Luft getragen. Und als sie an der obersten Spitze des Großen Baumes ankam, fielen eintausendfünfhundert Sternschnuppen zur Erde hinunter. Die Torte aber löste sich in eintausendfünfhundert Tautropfen auf, die auf die Blätter des Großen Baumes glitten.
Der Große Baum trank langsam einen Tropfen nach dem anderen. Inzwischen umringten alle Bewohner und Freunde seinen Stamm, um ihn zu umarmen. Einen so riesigen Baumstamm zu umarmen, war wirklich keine einfache Sache! Doch für einen Freund, der eintausendfünfhundert Jahre alt wird, da gibt man sich schon besonders große Mühe!

Die große Modenschau

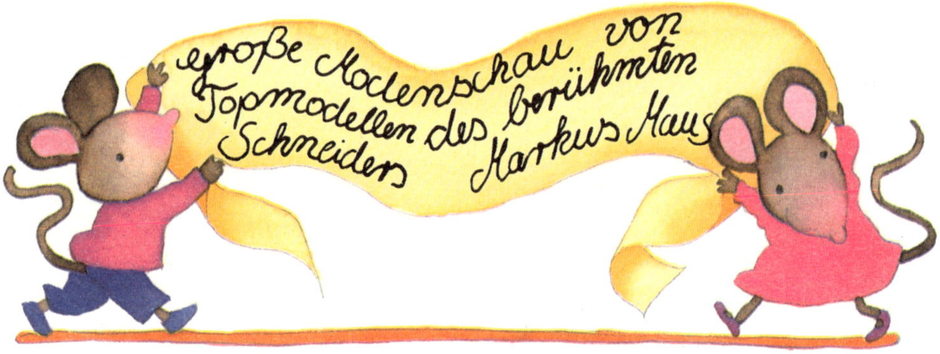

Der bekannte Schneider Markus Maus hatte einen sehr ehrgeizigen Plan: Er wollte eine große Modenschau mit den schönsten Modellen organisieren, die er im Laufe seiner großartigen Laufbahn entworfen hatte. Zunächst suchte er seine Entwürfe heraus, dann schrieb er an seine berühmtesten Kunden und bat sie, ihm für einige Tage die Kleider, die er für sie geschneidert hatte, zu leihen. Auf ein großes Seidenband schrieb er: „Große Modenschau von Topmodellen des berühmten Schneiders Markus Maus".
Die Modenschau fand auf einer Holztribüne statt, welche die Schwestern Ente zur Verfügung stellten. Zwischen zwei Baumstämmen wurde sie aufgebaut, und dann erschienen: Vera Wurm im Cocktailkleid, Frau Eule im großen Abendkleid, Mimo Katze mit einer Kollektion von Fliegen, und schließlich Hauptmann Wolf, der von Kopf bis Fuß elegant gekleidet war.

Den ersten Preis bekamen die Hosenträger, die Markus Maus zehn Jahre zuvor für den Direktor der Schifffahrtsgesellschaft entworfen hatte.
Elsa Elster mußte ihren mit Himbeeren und Johannisbeeren verzierten Hut vorführen. Doch sie war so naschhaft, daß sie nach und nach alle Früchte wegpickte und schließlich mit einem Strohhut erschien, auf dem nur noch die Stiele der Beeren übriggeblieben waren.
Alle riefen entzückt:
„Was für ein ausgefallenes Modell!"
Und so kam es, daß Elsa Elster den zweiten Preis bei der Modenschau gewann!

Wer gewinnt im Fernseh-Ratespiel „Alles oder nichts"?

An einem Februarabend saß Fipsi Frosch gemütlich in ihrem Sessel vor dem Fernseher. Sie schaute sich ihre Lieblingssendung an, das Ratespiel „Alles oder nichts". Todmüde war sie, denn an diesem Tag war das Postaustragen besonders anstrengend gewesen: Sie hatte auf ihrem roten Fahrrad fünfundneunzig Briefe, siebenundzwanzig Postkarten und fünfzehn Pakete befördern müssen. Doch nichts hätte sie daran hindern können, dieses Ratespiel anzuschauen... Der Pflanzenkenner erriet nur zwei Blumensorten. Die Kennerin von Kugeln irrte sich ständig bei Glas- und Plastikkugeln, und der Ansager gab ihr deutlich zu verstehen, daß ihre Antworten unmöglich waren.
Anschließend sollten noch Könige und Königinnen erraten werden.

Doch es meldete sich kein Kandidat unter den Zuschauern im Studio. Daraufhin wurden die Könige und Königinnen auf dem Bildschirm gezeigt.
Fipsi Frosch sprang mit einem Satz auf: Sie erkannte alle! Sie sah sie ja jeden Tag auf den Briefmarken von Briefen, Karten und Paketen. O ja, sie erkannte sie an der Krone, am Gesicht, an der Form der Nase oder des Kinns! Schnurstracks rannte sie zum Telefon und beantwortete alle Fragen der Sendung „Alles oder nichts" richtig. So gewann sie drei Säcke mit Eßkastanien und eine Reise auf dem Großen Salzfluß.

Hannes Pferd will reiten

Hannes Pferd trug all seine Freunde vom Großen Baum bereitwillig auf seinem Rücken, wenn sie ausreiten wollten. Aber er hatte einen großen Wunsch: Er wollte selber reiten! Der Wunsch schien unerfüllbar. Denn wie sollte ein Pferd auf einem Pferd reiten?
Horst Hörnchen, der ja ein hervorragender Maler war, hatte eine Idee: Er malte ein Pferd — so echt wie nur möglich. Marga Made, die Bildhauerin, übertrug die Umrisse auf Holz und sägte die Einzelteile wie bei einer Hampelmann-Figur aus. Markus Maus bezog jedes Teil mit einem weichen braunen Samt, und Elsa Elster verlieh ihre Smaragdohrringe, um dem Pferd schöne grüne Augen zu machen. Die Brüder Hase, die begabten Erfinder von Computerspielen, dachten sich etwas aus, damit sich das Pferd bewegen konnte:

Sie versteckten einen kleinen Motor und eine Batterie in seinem Bauch. Das Pferd konnte nun den Kopf drehen und sich so sanft auf und ab bewegen, daß alle es „Kleines Schaukelpferd" nannten. In die Mähne und an den Schweif banden sie ihm eine große rote Schleife, damit es wie ein richtiges Geschenk aussah, und dann stellten sie es heimlich vor die Tür von Hannes Pferd. Na, der machte Augen!

Er schwang sich sofort auf und begann einen ausgedehnten Ritt durch die Wiesen und Felder.
Hannes hatte Freunde in der ganzen Welt, und allen beschrieb er das wundervolle Geschenk. Sofort waren sie nur noch von einem Wunsch besessen: sich auch so ein Schaukelpferd zu basteln! Innerhalb von knapp einer Woche verschickten die Brüder Hase über tausend kleine Motoren in alle Welt, vom Nordpol bis zum Südpol. So kommt es übrigens, daß Kinder auf der ganzen Welt, noch bevor sie laufen können, im Galopp auf ihren Schaukelpferden reiten.

Einbruch bei Sigi Siebenschläfer

Feuerwehr-Hauptmann Willi Wolf hatte einen großen Kummer: Werner Wolf, ein entfernter Vetter, war ein Dieb und darum, wie man so sagt, das „schwarze Schaf" in der Familie.

Es war eine eiskalte Nacht. Alle schliefen schon und träumten, nur Werner Wolf nicht. Er plante nämlich eine ganz große Sache: Er hatte beschlossen, in das Haus von Schul-Hausmeister Sigi Siebenschläfer einzubrechen, der nicht weit vom Großen Baum wohnte und morgens immer zu spät kam.

Werner Wolf zog sich dunkle Kleider und hautfarbene Handschuhe an (er wollte keine Spuren hinterlassen) und setzte eine schwarze Maske auf. Dann schlich er durch die Nacht zum Haus Nummer 3 in der Schläferstraße. Im Handumdrehen hatte er das Türschloß geknackt und stieg auf allen vieren die Treppe hinauf zum Schlafzimmer von Sigi Siebenschläfer.

Er war überzeugt, daß der nicht daheim war. „Sigi geht zu spät aus dem Haus, also kehrt er auch zu spät zurück", sagte Werner. Er knipste das Licht an... und sah Sigi Siebenschläfer im Bett liegen. Seine Wangen waren von Fieber gerötet, und er schlief. Auf einem Stuhl, der als Nachttisch diente, stand eine Tasse mit Gemüsebrühe. Werner ließ seine Blicke kurz durchs Zimmer gleiten: Auf einem Tisch waren einige Heftchen und ein Glas mit Kamillenblüten. Auf dem Fußboden stand ein blauer, mit Erdbeeren bemalter Nachttopf und steckte ein verbogener Zirkel.

An einem Haken auf der anderen Seite des Zimmers hing die Uniform des Hausmeisters.
„Ach, der Arme!" rief Werner voller Mitgefühl. Schnell holte er aus seiner Hosentasche ein paar Zehnmarkscheine und steckte sie unter die Zirkelspitze. Neben die Gemüsebrühe legte er das Pausenbrot, das die Mutter schon für den nächsten Tag vorbereitet hatte, und dann rannte er davon, damit ihn niemand erkannte. Was denkt man wohl von einem Dieb, der nicht stiehlt, sondern etwas bringt!

Ein berühmter Filmregisseur kommt!

Eines Tages kam zum Teich nahe beim Großen Baum der berühmte Filmregisseur Fabian Film, ein entfernter Verwandter des Feuerwehr-Hauptmanns Willi Wolf. Er setzte sich ans Ufer und hoffte, hier sein Rheuma auszuheilen und bei der guten Luft seine Freude an der Arbeit wiederzufinden. Er stellte seinen Regiestuhl auf, einen praktischen Klappstuhl, wie ihn jeder Regisseur hat. Damit man ihn nicht sofort erkenne, hatte er einen gestreiften Pullover angezogen und eine dunkle Sonnenbrille aufgesetzt.

Der arme Regisseur suchte Ruhe, doch da hätte er einen anderen Ort wählen müssen. Frau Eule, die ja davon träumte, eines Tages eine berühmte Sängerin zu werden, war ständig um ihn herum, und immer in einem anderen Kleid!

Die Brüder Wurm, die bekanntlich Schauspieler und

Mimen waren, schlängelten sich mal unter, mal über seinen Stuhl, um ihm ihre Kunststücke vorzuführen. Und Elsa Elster sagte, ohne müde zu werden und ohne Pause, alle Gedichte auf, die sie kannte. Schließlich blieb dem Regisseur nur eines übrig: heimlich bei Nacht zu verschwinden. Da war ihm doch sein Rheuma noch lieber als diese ständigen Störungen. Unsere Freunde vom Großen Baum aber errichteten genau an der Stelle, wo sein Regiestuhl gestanden hatte, ein Kino, das sie „Filmpalast" nannten. Und wann immer sie einen guten Film sehen wollten, gingen sie dorthin.

Olympische Spiele beim Großen Baum

Drei Monate vor dem großen Ereignis bereiteten sich die Bewohner des Großen Baumes auf die Olympischen Spiele vor: Man arbeitete morgens nicht mehr, sondern widmete sich dem Training. Im Treppenhaus rannte die ganze Familie Maulwurf im Trainingsanzug die Stufen hinauf. Im Hof spielten die Würmer mit Getreidekörnern Basketball, und die Ameisen trainierten mit Gewichten und Hanteln. Auch Heini Hase muß erwähnt werden. Er versuchte, mit Gymnastik seinen durch Karotten-Konfitüre etwas rundlichen Bauch wegzukriegen. Und Diana Eidechse sprang in jede x-beliebige Badewanne, um ihren Schwimmstil zu verbessern. Allerdings waren die Gegner nicht von Pappe. Um nur einige zu nennen: Bernhardiner und Gemsen, Falken und Adler, der berühmte Kroko Dilo, Weltmeister im Kraulen, und die nicht weniger bekannte Weltmeisterin im Hals-Strecken Gina Giraffe.

Die Spiele hätten gar nicht schlimmer anfangen können: Gleich beim ersten Wettkampf verlor Blindo Maulwurf die Nerven. Er stellte fest, daß sein Gegner besser gekleidet war als er, versetzte ihm einen Fausthieb... und mußte selbstverständlich sofort ausscheiden. Feuerwehr-Hauptmann Willi Wolf war Schiedsrichter und stellte die Ruhe wieder her.
Danach begann der erste Wettkampf, das gefährliche Springen. Man mußte hierfür sehr beweglich und flink sein, und das waren eigentlich alle Bewohner des Großen Baumes. Doch Sieger wurde Faso Fasan. Er hatte

wohl ein wenig zuviel Sumpf-Schwipswasser getrunken und führte die tollkühnsten Sprünge aus, ohne sich der Gefahr bewußt zu sein. Danach kam das Rückwärtslaufen an die Reihe. Stefan Specht wurde eindeutiger Sieger. Schließlich hatte er sehr viel Übung darin, rückwärts in Deckung zu gehen, wenn Elsa Elster wütend etwas in seine Richtung schleuderte.

Beim Radieschenwerfen blieb die Spannung lange erhalten: Tilli Taube hatte ihres so weit geworfen, daß man es nicht wiederfinden konnte. Holger Hase aber hatte sein Radieschen heimlich aufgefuttert. Zum Schluß wurden beide zu Siegern erklärt.

Danach rannten alle zum Teich, um das Wasserballspiel mitzuerleben.
Die Goldfische gewannen es ohne jede Schwierigkeit. Gustav Goldfisch war linker Mittelstürmer und warf einhundertundacht Tore! Man ließ ihn hochleben, dreimal hochleben.
Und dann sprangen alle in den Teich.

Es herrschte eine solche Aufregung und ein solches Durcheinander, daß das Kraulschwimmen abgesagt werden mußte. Sehr zum Verdruß von Kroko Dilo, der vor lauter Ärger darüber ganz außer sich war.

Er schrie: „So etwas lasse ich mir nicht gefallen! Ich werde die Sache meinem Anwalt übergeben!" Doch niemand hörte ihm zu. Zum Schluß gab es noch das Grasrutschen. Adele Adler gewann den Wettkampf. Sie rutschte zwar nicht richtig über das Gras, sondern mähte es mit ihren Flügeln. Aber niemand bemerkte es. Dann kam die Siegerehrung: Drei der insgesamt acht Sieger waren vom Großen Baum. Ein Riesenerfolg! Stefan Specht gewann eine vergoldete Holzmedaille, Gustav Goldfisch eine Keksmedaille, und Holger Hase und Tilli Taube teilten sich die Radieschenmedaille.

Holger steckte die Medaille heimlich in die Hosentasche und tat so, als hätte er sie verloren. So behielt er sie für sich ganz allein.

Die drei Sieger wurden im Triumphzug in den Hof getragen. Die Bewohner des Großen Baumes gaben ihnen zu Ehren ein großes Fest, das bis tief in die Nacht hinein dauerte. Mimo Katze stellte sich auf einen Stuhl und reimte: „So lebt denn hoch, ihr großen Sieger,
gewinnt beim nächsten Male wieder!"

Elsa Elster war von Stefan Specht ganz begeistert. Immer wieder flüsterte sie ihm während der Siegesfeier ins Ohr: „Stefan, du warst großartig..."

Eveline Maulwurf verreist

Eveline Maulwurf, von allen „die Vergeßliche" genannt, versetzte eines Tages die Bewohner des Großen Baumes in Erstaunen: Sie sagte, sie werde für immer davongehen. Zuerst nahm das niemand ernst. Wie soll man auch jemandem glauben, der so zerstreut ist, daß er seinen Schlafanzug über den Mantel anzieht? Oder der sich statt des Hutes den Einkaufsbeutel auf den Kopf stülpt?

Aber Eveline zeigte ihnen ein ganzes Paket Liebesbriefe, die sie mit einer Efeuranke zusammengeschnürt hatte. Es waren Briefe von Kurti Kuckuck, die er ihr über ein Jahr lang geschrieben hatte. Kurti war ja eines Tages vom Großen Baum weggeflogen und lebte nun auf einer einsamen Insel mitten im Meer: Es gab dort Palmen, Sand und Perlmuscheln. Und er bat Eveline, zu ihm zu kommen. Sie würden zusammen in einer kleinen Hütte aus Bananenblättern und Ananasschalen wohnen. Erst nach dem achten Brief hatte sich die vergeßliche Eveline erinnert, wer dieser Kurti Kuckuck eigentlich war. Doch dann hatte sie ihm heimlich zurückgeschrieben. Nun war Eveline bereit für die Reise. Sie verabschiedete sich von all ihren Freunden und ging an Bord eines Dampfers, der sie zur Insel bringen sollte. Zum Abschied vergoß sie einige Tränen und wischte sie mit dem Ärmel ihres Schlafanzugs weg, weil sie natürlich ihr Taschentuch vergessen hatte.

Wenn Briefumschläge lachen und hüpfen

An einem schönen sonnigen Vormittag hielt Fipsi Frosch, die Briefträgerin, mit ihrem roten Fahrrad vor dem Großen Baum an. Sie war ziemlich verdutzt über das, was ihr unterwegs passiert war. Wie immer hatte sie ihren Postsack umgehängt und war durch den Wald geradelt. Da war der Sack plötzlich aufgesprungen, hatte gekichert und sie so sehr gekitzelt, daß sie laut lachen mußte. Frösche sind ja bekanntlich sehr kitzelig! Nun steckte sie in jeden Briefkasten des Großen Baumes einen andersfarbigen Briefumschlag. Die Anschriften waren silberfarben, Walderdbeeren dienten als Briefmarken. Und jeder Umschlag hüpfte und krümmte sich vor Lachen.
Als erste öffnete Frau Bär ihren Brief. Sie war noch im Morgenmantel, denn sie hatte gerade den Müll zur Tonne gebracht. Als sie den Umschlag öffnete, hörte sie

folgendes Lied: „Diana Eidechse und Heini Hase heiraten am Montag um acht oder vielleicht auch erst um zehn Uhr." Die zweite war Felicitas Fuchs. Sie war die ganze Nacht aufgeblieben, um das letzte Kapitel ihres Romanes fertigzuschreiben. Als sie den nachtblauen Umschlag öffnete, kamen regenbogenfarbige Tropfen heraus und fielen auf die erste Seite ihres Romanes. Die Tropfen fügten sich aneinander, bildeten Wörter und besagten folgendes: „Diana Eidechse und Heini Hase haben sich lieb und heiraten am Montag. Du bist zur Hochzeit herzlich eingeladen."

Stefan Specht wurde die Hochzeit von lauter gelben Schmetterlingen mitgeteilt. Sie kamen aus einem zartgrünen Briefumschlag hervor und flatterten dann nach allen Richtungen davon.

Am Montagmorgen versammelten sich alle vor dem Großen Baum, und jeder war festlich angezogen. Die meisten hatten sich beim Schneider neu eingekleidet und sich beim Frisör eine neue Frisur machen lassen. Endlich kam Diana Eidechse in einem bezaubernden Kleid aus Blütenblättern von Seerosen. Sie ging am Arm von Heini Hase, der einen glitzernden Schneekristall im Knopfloch trug. Kinder bewarfen das Brautpaar mit Reiskörnern und Jasminblütenblättern. Tante Glühwürmchen und ihre Freundinnen flogen um sie herum und ließen das Konfetti besonders schön leuchten. Es war so wunderbar, daß manche ganz gerührt waren. Sie vergossen ein paar Tränchen und wischten sie mit Taschentüchern weg, die nicht nur die Farbe von Lavendel hatten, sondern auch danach dufteten.

Die Gedichte von Cora Ente

Cora Ente liebte Gedichte. Sie hatte siebentausendneunhundertdreiundzwanzig in acht dicken Heften mit apfelgrünem Umschlag gesammelt und darüber geschrieben: „Reime und Gedichte sind hier enthalten, von Dichtern verfaßt, von mir nur erhalten." Doch weil Cora sehr schüchtern war, traute sie sich die Gedichte niemandem außer ihrer Freundin Felicitas Fuchs vorzulesen. Eines Nachmittags futterte Felicitas Fuchs achtzehn Creme-Röllchen, während Cora Ente mit bewegter Stimme ein Gedicht vorlas. Es handelte von einer Entenmutter, deren Sohn sich bei Tisch ganz fürchterlich benahm. Die Mutter machte ihm deshalb bittere Vorwürfe: „Oh, wie ich rase und tobe! / Mein Sohn ißt Pommes frites, / benutzt die Hände mit / und verlangt, daß ich ihn lobe." Als Cora ihre Lesung beendet hatte,

kam von draußen lauter Beifall: Die Ameisen, Goldfische, Maulwürfe und Pandas hatten durchs offene Fenster alles mitangehört.
„Bravo! Großartig! Weiterlesen!" riefen sie begeistert. Der Leiter vom Radiosender „Laubwald" bot Cora an, bei der Sendung „Für unsere Freunde der Dichtkunst" mitzumachen. Seit diesem Tag las Cora Ente Gedichte im Radio. Und schließlich faßte sie sich ein Herz und schrieb sogar selber welche.

Die überraschende Begegnung

Jeden Dienstagabend gingen ganz in der Nähe des Großen Baumes die Lichter der Diskothek „Zur Samtpfote" an. Der Name leuchtete abwechselnd in roten oder blauen Neonbuchstaben auf. Ging das rote Licht an, konnte man den Schriftzug für die Pfote eines Panthers halten, ging das blaue Licht an, für die Pfote eines Kätzchens. In dieser Diskothek fanden sich alle begeisterten Tänzer des Waldes ein. Sie tanzten so lange, bis Eugen Eule seine Laterne ausmachte, weil es Tag war.

Die Frauen, die in die Diskothek kamen, hofften, daß Feuerwehr-Hauptmann Willi Wolf sie irgendwann einmal zum Tanz auffordern würde. Er war nicht nur mutig und sprang in die Flammen, er sah auch sehr gut aus. Vor allem aber war er der beste Tänzer des ganzen Waldes.

Weil er zudem ein gutes Herz hatte, forderte er alle Frauen auf, deren Männer keine guten Tänzer waren: Maria Panda, Frau Maulwurf und auch Frau Eule. Auch an jenem Abend bewegten sie Pfoten, Flossen und Schwänze wieder eifrig im Rhythmus der Musik auf der Tanzfläche. An den Tischen hatten die Kellner Kerzen angezündet. Da stand Feuerwehr-Hauptmann Wolf plötzlich auf und ließ seinen Petersiliensaft stehen. Langsam schaute er sich um. Mindestens acht Frauen fragten sich mit klopfendem Herzen: „Wird er wohl mich zum Tanz auffordern?"

Er aber ging schweigend durch den Saal, lächelte Kikki Maus schwach zu und blieb plötzlich stocksteif stehen.

Paula Ente war eingetreten. Vor langer Zeit war er einmal in sie verliebt gewesen. Sie kam sonst nie zum Tanzen in die Diskothek. Und auch heute hatte sie sich nur einen Seidenschal zurückgeholt, den sie Gerda Gans geliehen hatte. Feuerwehr-Hauptmann Willi Wolf ging aufgeregt und ohne ein Wort zu sagen, auf sie zu, nahm sie beim Arm und führte sie auf die Tanzfläche. Früher war Paula mit Abstand die beste Tänzerin des Waldes gewesen, doch inzwischen hatte sie vieles vergessen. Nun tanzten die beiden, sie tanzten und tanzten und hörten gar nicht mehr auf. Die anderen aber blieben stehen, überließen ihnen die ganze Tanzfläche und schauten zu.
Am Morgen, als sich der Himmel rötlich färbte, verbeugte

sich der Feuerwehr-Hauptmann vor Paula und verabschiedete sich von ihr mit einem Handkuß.
Da lächelte sie ihn an und steckte ihm ein Veilchen ins Knopfloch der Jacke.

Eddis erster Flug

Seit einigen Tagen bereits meinten die Eltern von Eddi Eule, nun wäre es an der Zeit, daß auch ihr jüngstes Kind seinen ersten Flugversuch mache. Sie wählten hierfür einen niedrigen Zweig aus, nähten ihm eine gelbe Fliegerweste und bastelten ihm aus einem Eichenblatt einen kleinen Fallschirm. Eine halbe Nußschale diente ihm als Sturzhelm, und damit ihn die Sonne nicht zu sehr blendete, setzten ihm die Eltern eine Brille mit rauchgeschwärzten Gläsern auf.
So begann Eddi seinen ersten Flug. Er startete vom dritten Blatt links. Seine Familie ermutigte ihn durch Zurufe. Eine Zeitlang schwebte Eddi in der Luft, dann bewegte er sich auf den Balkon von Familie Panda zu. Dort blieb sein Fallschirm hängen. Ohne Fallschirm flog Eddi weiter, wurde nach Westen abgetrieben, dorthin, wo die große Ta-

schenuhr des Großen Baumes hing. Er stieß sich den Kopf daran, torkelte benommen hin und her und landete schließlich in der Küche von Diana Eidechse. Sie war gerade beim Kuchenbacken. Klatsch! plumpste Eddi genau in die Teigschüssel.

Für diesen Tag hatte er die Nase voll vom Fliegen. Er leckte sich genüßlich den Teig von den Federn und meinte, dies wäre zwar eine überraschende, aber verdiente Belohnung.

Kikki Maus und der geheimnisvolle Onkel

Kikki Maus wollte mindestens neunzehn Fremdsprachen lernen. Zum einen war es für eine Raumfahrerin — die wollte sie später einmal werden — erforderlich, daß sie Fremdsprachen konnte. Außerdem wollte sie die Sprache der Störche verstehen, die jedes Jahr aus dem Süden zurückkamen. Und schließlich hoffte sie auch, eines Tages einem Märchenprinzen aus einem fernen Land zu begegnen. Kikkis Eltern zögerten lange. Doch dann beschlossen sie, ihre Tochter zu Onkel Miffo-Maffo zu schicken, diesem geheimnisvollen Onkel, der winzig klein den Großen Baum verlassen und den seither niemand gesehen hatte. Doch der Onkel war dem Großen Baum und seinen Bewohnern treu geblieben: Jedes Jahr zu Weihnachten schickte er Geschenke, und immer war ein besonderes für Kikki, seine Lieblingsnichte, dabei.

Kikki reiste mit ihrem roten Koffer ab. Er war ganz mit

Ohrringen gefüllt, denn Kikki liebte Ohrringe über alles. Und weil jeder schrecklich neugierig auf diesen Onkel war, versprach sie, viele Fotos von ihm heimzubringen. Sie verbrachte einen wunderbaren Monat in einem großen schneeweißen Haus, das durch blumenbewachsene Dünen vor dem Wasser des Ozeans geschützt war. Dann kehrte Kikki nach Hause zurück. Ihr Schwanz war von der Sonne dunkelbraun gebrannt,

und ihre Augen strahlten von all dem, was sie erlebt hatte. Sie wußte unendlich viel von Onkel Miffo-Maffo zu erzählen, von seinen Geschäften, den Spaziergängen am Strand...
„Und wo sind die Fotos?" fragten alle gespannt.

„Hier! Ich habe ganz viele mitgebracht!" antwortete Kikki. Sie öffnete den Koffer... und heraus flogen ein Dutzend blauer Schmetterlinge, jeder mit einem Foto. Stefan Specht glaubte, er hätte ein Foto mit zwei Federn gesehen. Frau Eule schwor, sie hätte einen Schnabel gesehen. Und Herr Bär meinte, er hätte auf dem letzten Foto die Form eines Zylinders entdeckt. So blieb Onkel Miffo-Maffo auch weiterhin geheimnisvoll.

Niemand traute sich nämlich, Kikki zu fragen, wie denn der Onkel aussähe. Sie hatte so viel Fantasie. Wer weiß, wie sie ihn beschrieben hätte! Und außerdem ist es viel schöner, wenn etwas ein wenig geheimnisvoll bleibt.

Ein Buch über den Großen Baum

Horst Hörnchen konnte wunderbar malen. Felicitas Fuchs konnte großartige Geschichten erfinden. So beschlossen sie eines Tages, den Kindern des Großen Baumes eine Überraschung zu bereiten: Sie würden ihnen ein Bilderbuch machen, das ihre Abenteuer, die ihrer Freunde, Verwandten und Nachbarn erzählte.
Um bei der Arbeit nicht gestört zu werden, zogen sich die beiden in einen unbewohnten Baumstamm der Schummerlicht-Straße zurück. Horst brachte seine Pinsel und Farben mit, Felicitas ihre Schreibmaschine und Papier. Mit Feuereifer arbeiteten sie, und die Ideen sprühten ihnen nur so aus dem Kopf. Bei jeder Idee entstand in der Luft ein bunter Funken. Bei jedem silbernen Funken ging etwas Krause aus dem dauergewellten Schwanz von Felicitas Fuchs. Bei jedem türkisfarbenen Funken kräuselten sich die Schwanzhaare von Horst

Hörnchen mehr. Es war ein Ideenaustausch, der bei beiden sichtbar wurde. Als die Geschichten fertig waren, schenkten sie jedem Kind vom Großen Baum ein Buch.

War das eine Freude! Andi Ameise las das ganze Buch in einem Rutsch. Betti Bär betrachtete zunächst nur die Bilder. Und Eddi Eule schlief mit dem Buch unter dem

Kopfkissen ein. Auch die Erwachsenen lasen das Buch, allerdings heimlich.

Stefan Specht stand mitten in der Nacht auf und sah nach, ob Horst Hörnchen ihn so schön gemalt hatte, wie er in Wirklichkeit war. Elsa Elster war außer sich vor Zorn und behauptete, die Elsa Elster in dem Buch gleiche ihr nicht im geringsten. Herr und Frau Panda lasen es ihren Vierlingen vor. Feuerwehr-Hauptmann Willi Wolf las es auf der Feuerwehrleiter. Die Maulwürfe brüteten lange über der ersten Seite. Und von der anderen Seite des Meeres schickte Miffo-Maffo ein Glückwunschtelegramm. Dann wurde es Nacht, über dem Großen Baum gingen die Sterne auf.

Inhaltsverzeichnis

7 Die Blumen des Windes
10 Onkel Miffo-Maffo kehrt zurück
14 Kurti Kuckuck beim Uhrmacher
18 Diana Eidechse weint
20 Frau Bär und das Überraschungsfest
24 Eva Eule als Sängerin
26 Ein ausgefallenes Modell
34 Eine unglaubliche Freundschaft
38 Das Selbstbildnis
41 Die Brüder Hase eröffnen ein Geschäft
44 Ein Großvater mit Glatze
46 Das Computerspiel
48 Melina Maulwurf trägt nun Kontaktlinsen
50 Stefan Specht bei den Schwestern Ente
54 Die neuen Mieter
58 Tausend und eine Geschichte
64 Überall gibt's Streit
67 Mario Panda hat eine schreckliche Nacht
70 Jeder liebt seinen Sport
72 Hannes Pferd weiß Rat
78 Eddi Eule in Gefahr
82 Vetter Hundertfüßler
84 Andi Ameise hat Alpträume
88 Ende gut, alles gut
92 Eine Überraschung für Gerda Gans

94 Die Fernsehstörung
96 Abschied von Oma Sonnenschein
99 Mimo Katze kommt
102 Ein Wettrennen zum Jahresende
104 Der begabte Holzschnitzer
106 Wo bleibt nur Bernd Bär?
110 Wenn zwei sich streiten...
114 Philipp Fischotter hat Masern
116 Hilfe, ein einäugiges Monster!
120 Frieder Froschs Rubin ist verschwunden!
128 Wie aus einer Mücke ein Elefant wird
131 Die Verlobten fahren in Urlaub
134 Ein geheimnisvolles Licht
142 Peter Panda wird geboren
146 Ein ganz besonderer Dieb
148 Ein schwieriges Familienfoto
150 Ein außerordentlicher Geburtstag
156 Die große Modenschau
158 Wer gewinnt im Fernseh-Ratespiel „Alles oder nichts"?
160 Hannes Pferd will reiten
163 Einbruch bei Sigi Siebenschläfer
166 Ein berühmter Filmregisseur kommt!
168 Olympische Spiele beim Großen Baum
174 Eveline Maulwurf verreist
176 Wenn Briefumschläge lachen und hüpfen
180 Die Gedichte von Cora Ente
182 Die überraschende Begegnung
186 Eddis erster Flug
188 Kikki Maus und der geheimnisvolle Onkel
192 Ein Buch über den Großen Baum

Gute-Nacht-Geschichten des großen Baum!